AF571032

LINO GARCÍA MORALES

EL ARTE DEL ARTE

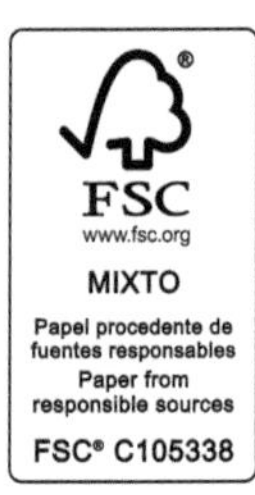

Impresión y editorial: BoD – Books on Demand
info@bod.com.es - www. bod.com.es
Impreso en Alemania – Printed in Germany

ISBN: 978-8-4112-3573-0

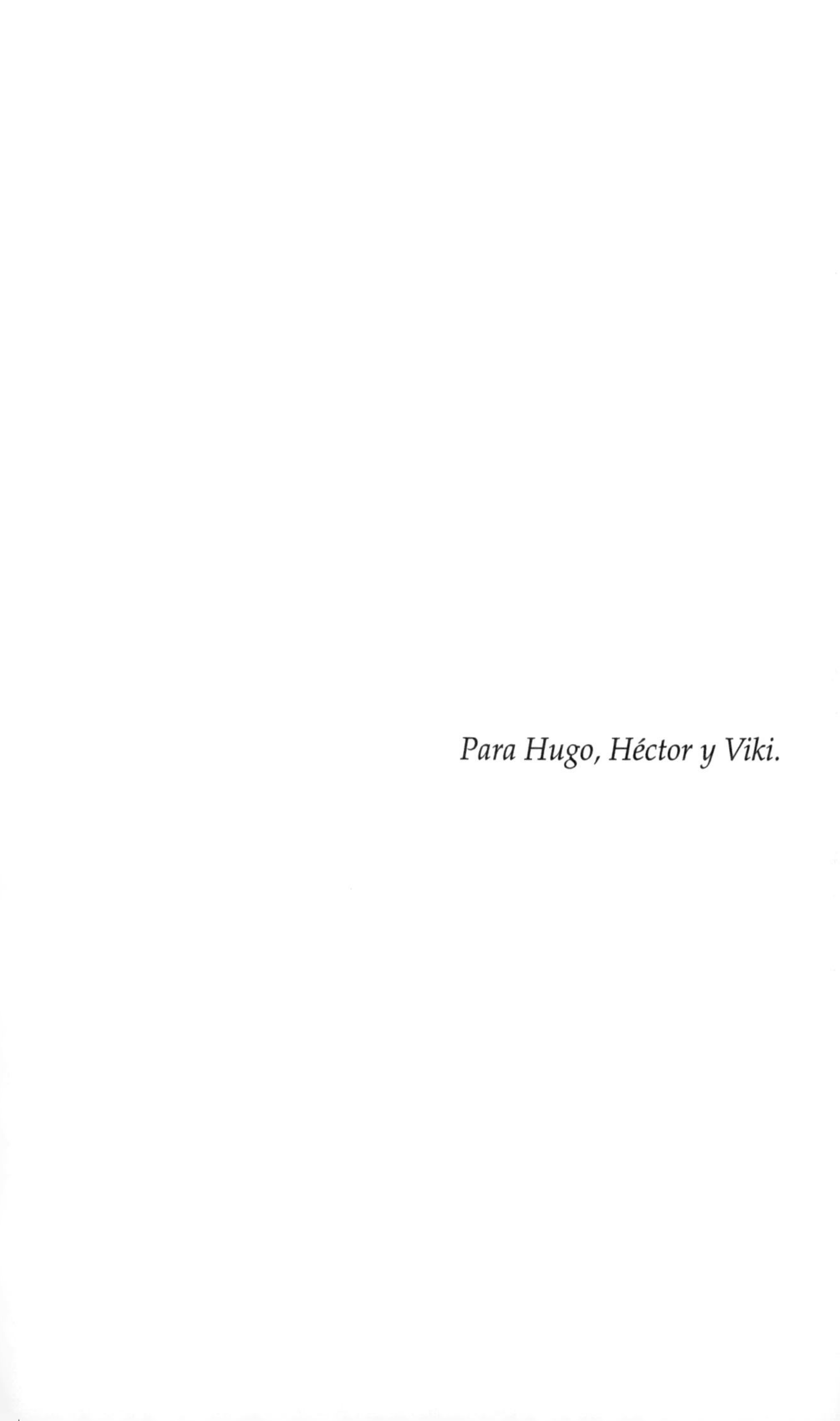

Para Hugo, Héctor y Viki.

Este libro no tiene principio ni fin.

Puede empezar a leer por cualquier página y terminar, si le parece, en cualquier otra.

Ni siquiera tiene que leer todas las páginas si no lo desea.

Puede leerlas en vacaciones o en días de trabajo, cualquiera día es bueno.

Las páginas ni siquiera están numeradas.

Es probable que tenga suerte y consiga entender qué es el arte.

Yo, que lo escribí, aún tengo mis dudas, pero son razonables.

Eso creo.

El arte no existe.
Existen los artistas.
Escribió Ernst Gombrich en su libro *Historia del arte*.
Si el arte no existe, ¿cómo pudo Gombrich escribir un libro de historia del arte?

Dino Formaggio dijo que "el arte es todo aquello a lo que los hombres llaman arte".
Formaggio no era artista, ni historiador de arte, sino filósofo.
Los filósofos se pueden permitir estas licencias, aunque quizá debió decir: "el arte es todo aquello a lo que los algunos hombres llaman arte".
Este grupo de hombres tienen capital simbólico suficiente, en palabras de Bourdieu, para determinar lo que es arte y lo que no; aunque no se atrevan a definirlo.
Pierre Bourdieu fue sociólogo. El capital simbólico, para Bourdieu, es la energía social basada en un conjunto de relaciones de sentido, que constituyen la dimensión simbólica del orden social.
Por ejemplo: producir un billete de 100 euros no debe costar ni 5 céntimos, pero todos le otorgamos un VALOR o capital simbólico.
TODOS aceptamos como arte lo que este grupo de hombres dice que es arte.

Algunos llaman Sistema del arte a este grupo de hombres con suficiente capital simbólico y no al arte en sí mismo.
Pablo Helguera en su libro *Manual de estilo del arte contemporáneo* llama al 'sistema del arte', Mundo del Arte (MA).

Según Helguera, se trata de "el juego intelectual de mayor sofisticación jamás inventado por el hombre".
Helguera es artista y representa a los agentes del arte, los actores principales del MA, como piezas del juego de ajedrez que organiza de la siguiente manera: director de museo = rey, coleccionistas (*trustees*) = dama, curadores = torres, galeristas = caballos, críticos = alfiles y peones = artistas.
Los directores de museos, coleccionistas, curadores, galeristas, críticos y artistas conforman ese grupo de hombres que determina lo que es arte y lo que no.

Marcell Duchamp fue ajedrecista y artista.

Marshall McLuhan dijo que "el arte es aquello de lo que uno puede quedar impune".
Según la Wikipedia McLuhan fue filósofo, erudito, sociólogo de la comunicación y profesor de literatura.

Duchamp quedó sin castigo.
La fórmula de Duchamp fue: "todo lo que se pone en un museo se convierte en obra de arte".
Gompertz dijo que, por lo que a Duchamp respecta, el papel que desempeña un artista en la sociedad es semejante al de un filósofo: no importa si sabe pintar, dibujar o no.
Will Gompertz fue director de Arte de la BBC y dirigió la Tate Gallery durante siete años;

También escribió un libro titulado *¿Qué estás mirando? 150 años de arte moderno en un abrir y cerrar de ojos.*

Duchamp dijo que "el arte es un juego entre los hombres de toda las épocas", a lo que Bourriaud agregó: "supera sin embargo el marco de lo que denominamos arte".
Nicolas Bourriaud es comisario de exposiciones, historiador y crítico de arte, especializado en arte contemporáneo.
Queda por determinar si el marco "de lo que denominamos arte" (el MA) corresponde a todo aquello a lo que los hombres llaman arte de lo que uno puede quedar impune.

Arthur Danto decretó el fin del arte en los años sesenta.
Lo había mencionado en algunos de sus textos, aunque lo publicó de manera 'oficial' más de treinta años depués.
Su libro *Después del fin del arte* recoge las *Mellone Lectures in the Fine Arts* pronunciadas por Danto en el año 1995.
Para Nicolas Bourriaud y Hubert Damisch el "fin del arte' no se trata de "el fin del juego' sino de "el fin de la partida'.
Para explicar las reglas de juego de la nueva partida Bourriaud propone una estética relacional.
Dijo: "Cada obra de arte podría entonces definirse como un objeto relacional, como el lugar geométrico de una negociación entre numerosos remitentes y destinatarios. Parece posible dar cuenta de la especificidad del arte actual gracias a la noción de producción de relaciones ajenas al campo del arte".

El arte no se acabó después del fin del arte.

Danto observó que lo que fuera que se siguiera llamando arte por aquellas fechas no era lo mismo que se llamaba arte hasta entonces.

En realidad el cambio se produjo mucho antes, con la *Fontaine* de Duchamp, aunque Danto se percatara con las cajas *Brillo Box* de Warhol.
La pregunta que provocó el dilema fue: ¿por qué un objeto es arte y un indiscernible no?
¿Por qué la caja de *Brillo Box* de Warhol es arte y la caja de *Brillo Box* del supermercado, diseñada por James Harvey, no?
¿Cómo es posible que un objeto sea una obra de arte, mientras que otro, prácticamente igual, sea una cosa cotidiana y no arte?
Warhol no utilizó directamente las mismas cajas de cartón de los distintos productos, sino que confeccionó prismas de madera de dimensiones similares, sobre las que, utilizando medios fotográficos de reproducción, fueron serigrafiados con color acrílico los motivos originales.
No se trataba exactamente de un indiscernible.
La fuente de Duchamp, sí.

El artista suizo Christoph Büchel, para la primera edición de Frieze Nueva York, dio una vuelta por Manhattan buscando personas sin hogar, ofreciéndoles comprar sus carritos llenos de pertenencias personales.
Casi todos aceptaron la oferta: unos 425 dólares.
Eso se dice.
Büchel instaló los carritos en torno a la feria, ofreciéndolos a los coleccionistas como escultura, los precios de venta de la lista eran de 35.000 a 50.000 dólares, dependiendo del contenido.
Se dice que se vendieron dos.

La *Fontaine* no era de Duchamp.
Él renombró a este tipo de objetos: *objet trouvé, ready-made, objeto encontrado*, etc, en 1915.

El 11 de abril de 1927 Duchamp escribió en una carta a su hermana:
"Una de mis amigas, bajo un seudónimo masculino, Richard Mutt (R. Mutt), me ha enviado un urinario de porcelana como si fuese una escultura".
Según los investigadores Julian Spalding y Glyn Thompson la amiga es la poeta y artista Elsa von Freytag-Loringhoven; conocida como la baronesa dadá.
En 1917 Marcel Duchamp presentó una escultura a la Exposición de la Sociedad de Artistas Independientes de Nueva York. La llamó *Fontaine* y consistía en un urinario con la firma R. Mutt.
Duchamp no firmó R. Mutt.

Joseph Ksouth dijo que todo el arte después de Duchamp es conceptual (por naturaleza);
porque el arte solo existe conceptualmente.

Joseph Beuys dijo:
cualquiera puede ser artista y cualquier cosa puede ser arte.
Todos somos artistas.
Solo tenemos que creérnoslo.
Eso es lo que hacen, precisamente, los artistas.
Los artistas creen que lo que hacen... es arte y, por eso, cualquier cosa puede ser arte.
Un urinario puede ser arte.

Joseph Ksouth y Joseph Beuys fueron artistas conceptuales muy influyentes.

Técnicamente el arte conceptual se desarrolló a mediados de los 60, pero son precisamente los *ready-mades* de Duchamp las primeras obras de arte en no ser interpretadas como objetos de contemplación fabricados por la mano de su creador, sino como objetos de pura especulación intelectual.
Para los conceptualistas de los 60, sus obras eran esencialmente ideas y no objetos.
Los objetos no eran más que meros conductos para expresar conceptos, como los primeros *ready-made* de Duchamp.
Lo escribió él mismo en *El caso de Richard Mutt* y lo publicó en *The Blind Man*.
Fue una jugada maestra.

La fórmula de Warhol fue:
todo lo que hay en los supermercados puede entrar en museo y convertirse en obra de arte.
Duchamp nunca pensó lo mismo.

La caja de estropajo de Warhol era más bella que el urinario de Duchamp;
resultó ser más retiniana.
La función de los correspondientes indiscernibles estaba relacionada con la limpieza y la higiene personal.
La función de la caja y el urinario como obras de arte era la misma: simbolizar.

En los albores del siglo XXI, la *Fountain* fue elegida por un grupo internacional de más de quinientos expertos como la pieza más emblemática del arte de todo el siglo XX.
Los más de quinientos expertos eran hombres del MA.

La baronesa Elsa von Freytag-Loringhoven se llamaba Elsa Plôtz.
Fue detenida en más de una ocasión por sus muestras exhibicionistas en acontecimientos sociales o en la misma calle.
En una ocasión se hizo rasurar el pubis mientras se filmaba la escena;
en otra se afeitó la cabeza y se la pintó completamente de rojo.
Su vida fue surrealista, dadá.
Irene Gammel dijo que el universo escatológico de la *Fontaine* era propio de la baronesa, pero no de Duchamp.
Fue Gammel la que descubrió la carta de Duchamp a su hermana.
Elsa pintó un cuadro en 1923 en el que aparece la *Fontaine* y un texto que dice:
"Me olvidaste como a este paraguas, infiel Bernice", en clara referencia a su obra y a su admirado Duchamp.

Elsa terminó sus días ingresada en un hospital psiquiátrico; donde las muestras exhibicionistas no resultan escándalo.
Duchamp terminó sus días como el artista más influyente en el arte.

Warhol quería ser una máquina, producir obras de arte mecánicas, desprovistas de cualquier rastro humano; obras de arte mecánicas que se pudieran vender por muchos dólares.
Dijo: "si el arte es un reflejo o comentario sobre el mundo en que vivimos entonces la facilidad de reproducción de imágenes de la cultura popular hace muy bien su trabajo". Dijo e hizo.
Warhol ampliaba la dimensión de sus obras que pintaba de manera uniforme para poder venderlas más caras.

Un dibujo original de Andy Warhol valorado en 20.000 dólares se vendió junto con 999 falsificaciones de alta calidad por solo 250 dólares. La suma total ascendió a 250.000 dólares.

Schwiters dijo: "Todo lo que escupe un artista es arte".
Warhol dijo: "Ganar dinero es un arte. En lugar de comprar un cuadro que vale 200.000 dólares ¿por qué no coger los billetes de banco y pegarlos al muro?".

Maurizio Cattelan dijo: "En realidad, no soy un artista"; pero eso no importó. El MA lo considera en el *top* de los mejores artistas del arte contemporáneo.
Cattelan empezó a hacer arte, según dijo, porque le parecía que todas las mujeres guapas se sentían atraídas por los artistas.

James Harvey fue un pintor expresionista abstracto que trabajaba a tiempo parcial como diseñador de envases.
Quedó atónito en la inauguración de la exposición de Andy donde se mostraban las cajas de supermercado que él había diseñado. Las suyas no valían nada. Las de Warhol, la galería Stable las vendía por cientos de dólares.
El mérito de la *Brillo Box* es solo de Harvey. El mérito de Warhol fue convertir en arte la *Brillo Box* de Harvey (como hizo Duchamp con 'su' urinario).
Nadie lo habría considerado arte, solo Warhol y el MA y ahora TODOS lo consideran arte.
Todo lo que hay en los supermercados (y en las ferreterías) puede convertirse en arte (incluidos los carritos de los supermercados).
Esa fue su fórmula.

James Harvey se llamaba James Harvey.
Su vida no fue surrealista; excepto por su extraña relación con el arte.

Danto intentó explicar filosóficamente por qué un producto de supermercado no es considerado arte y el mismo producto en una galería de arte, sí.
No hay diferencias reconocibles, son indiscernibles; pero una es arte y la otra no; esa es la cuestión.
Un problema excelente para la filosofía, imposible de explicar, desde la *Fontaine*, desde la estética.
Danto era crítico de arte y se podía permitir esas licencias.
Necesitó tres libros para explicarse:

a. La transfiguración del lugar común
b. Después del fin del arte
c. ¿Qué es el arte?

"Si 'todo vale' es necesaria una filosofía de la crítica del arte que determine no solo qué es arte y qué no es arte sino ¿por qué?".
Danto dijo que puede que no haya ninguna diferencia de percepción (discernible a través de los sentidos) entre una de obra (*caja de Brillo* de Warhol) y un producto de supermercado (caja de *brillo*-estropajo del anónimo Harvey), ni entre dos obras de arte totalmente distintas (sus *cuadros rojos*).
Sin embargo, la explicación de Danto admite que siempre hay diferencias no discernibles entre dos indiscernibles; diferencias que tienen que ver con la historia (principalmente con la historia de su producción) y con las intenciones del artista.
Margolis considera esta explicación de Danto incoherente o paradójica *in extremis*.

Es difícil de creer que lo que distingue a una obra de arte en sí es completamente indiscernible por medios perceptuales. Para Danto no existe tal cosa como una obra de arte, sino la imputación retórica de ciertos atributos no discernibles. Sencillamente las obras de arte no existen. Danto dijo:
"ver algo como arte requiere algo que el ojo no puede ver –una atmósfera de teoría, un conocimiento de la historia del arte, un 'mundo artístico'. El mundo del arte tiene una relación al mundo real similar a la que existe entre la Ciudad de Dios y la Ciudad terrenal".
Ver requiere no ver.

Margolis se preguntó:
"¿Por qué deberían marchantes, galerías y museos vender y comprar cuadros si es cierto lo que Danto dice que es cierto?".
Es un riesgo grave pagar alta sumas de dinero por cuadros que no son reales, de forma 'ontológica'.
Danto no pudo resolver su problema, el de los indiscernibles.
Joseph Margolis fue un filósofo.

El Comité de Autentificación de Warhol estampó sellos de autenticación a las 40 cajas de Brillo producidas por Pontus Hultén; compradas por el marchante belga Ronny van de Velde en 1994 por 640.000 libras.
La autentificación es aquel proceso que establece si la atribución de la autoría de una obra es correcta o verdadera.

Jung dijo:
Todos nacemos originales y morimos copias.
Carl Gustav Jung fue psiquiatra, psicólogo y ensayista.

Findlay dijo:
El experto en autentificación, el *connoisseurship*, debe tener las aptitudes necesarias para determinar quién, cuándo y dónde se pintó una obra determinada; así como su calidad, importancia relativa, valor histórico y valor en el mercado.
Michael Findlay es director de Acquavella Galleries y ex director internacional de Bellas Artes de Christie's y autor de: *Autoría, autentificación y falsificación de las obras de arte.*

Byung-Chul Han dijo en *SHANZHAI. El arte de la falsificación y la deconstrucción en China*:
"los falsificadores y los expertos no se diferencian en lo esencial".
Byung-Chul Han es filósofo (coreano, no chino).
Para el mundo oriental la falsificación no es un problema.
Más copias significa mayor importancia.

Warhol no hizo, ni supervisó, ni siquiera vio, ninguna de las 100 cajas producidas para Estocolmo en 1968; según Hultén, producidas con su venia.
Warhol admiró la máquina de reproducción hasta el punto que el factor decisivo en la autentificación de sus obras no fue si su mano tocó o no la obra, o incluso si la aprobó antes de su venta, sino 'su presencia', si la obra contó con su supervisión directa, con su 'aura'.
Warhol tampoco hizo, ni supervisó, ni siquiera vio tampoco las 105 cajas que Hultén encargó a dos carpinteros en la galería Malmö Konsthall en Suecia para una exposición de arte pop en Rusia, en 1990.

El comité de autentificación de Warhol no certificaba las obras de arte, sino que ofrecía una 'opinión'.
Goldman dijo:
"Una vez inspeccionada la pieza, transmitía al propietario su dictamen en forma de letras.
La letra *A* significaba que la obra era de Andy Warhol; la *B*, que no lo era; y una letra *C* indicaba que el equipo no había podido establecer un criterio vinculante en ese momento.
Las calificaciones *A* y *B* se estampaban en el dorso de la obra en cuestión; siempre que era posible, los cuadros eran marcados en el excedente de lienzo que envuelve el bastidor a fin de no dañar el aspecto general de la pintura. La tinta utilizada era Archival soluble en agua, de manera que, si la opinión cambiaba, se podía eliminar el marchamo. Las designaciones *C* se escribían a lápiz".
Judith Goldman fue miembro del Andy Warhol Art Authentication Board.
Escribió: *Autenticidad y arte seriado.*

El Comité de Autentificación de Warhol anunció su cierre en octubre de 2011.

En la feria de Art Basel (Miami, 2011) se ofrecieron obras que remitían a: un trozo de concreto (Rubén Ochoa, 18 mil dólares), una piedra atada a un tronco (Katsuro Yoshida, 350 mil dólares), una serie de sábanas apiladas sobre el piso (Jason Dodge, 20 mil dólares) o una serie de cajas de mediano formato envueltas para regalo (Larry Pitman, 250 mil dólares).
Escribió Alma Barbosa Sánchez en: *La valoración de la obra de arte.*

¿Qué es arte? ¿Qué no es arte?
Esa es la cuestión.
El fin del arte, el fin del juego, el fin de la partida, supuso el fin de . . .
¿Consiguió el arte acabar consigo mismo?
Aún no.
A juzgar por los hechos, no apostaría por ello.

Charles Saatchi dijo:
"En la inversión no hay reglas. Los tiburones son buenos. Las boñigas creadas por el artista son buenas. La pintura sobre lienzo es buena. Hay un montón de conservadores por ahí que cuidarán de cualquier cosa que un artista decida que es arte".
Se equivoca.
Por muy buenos que sean los tiburones, las boñigas y la pintura sobre lienzo (y por mucho que en la inversión no haya reglas), los conservadores, por mucho que quieran cuidar lo que un artista (o quienquiera sea) ha decidido que es arte, no siempre podrán.
Existen obras de arte mejor conservable que otras.
Charles Saatchi es un empresario.

La artista alemana Karin Sander clavó una larga hilera de hortalizas dentro de la galería Helga de Alvear.
Un par de semanas después de que se inaugurara la exposición de muchas de las verduras se deslizaba, pared abajo, un pequeño reguero de materia orgánica.
Muchos visitantes disimulaban su desconcierto por el deterioro preguntando por lo bajo: ¿de verdad esto se puede comprar y colgar en casa?

¿Es difícil comprar arte imposible de CR?

Damien Hirst metió en un tanque de formaldehido un tiburón que se vendió por 12 millones de dólares.
La obra se titulaba: *The Physical Impossibility of Death in the Mind of Someone Living*.
El tiburón se pudrió; era más apropiado el alcohol.
Hirst lo sustituyó por otro.
Hirst saltó a la fama en los años noventa de la mano de la galería Saatchi.

El problema de la falsificación es un problema de identidad de los indiscernibles en la época de la reproductibilidad técnica.
Una copia es arte y la otra no.
En apariencia, solo les diferencia ese algo que el ojo no puede ver, esa atmósfera de teoría, de historia del arte, de MA.

La reproductibilidad técnica genera la pérdida del 'aura', como pérdida del valor cultural, del objeto único y original, ya que, al permitir la reproducción, existen innumerables copias exactamente iguales. En la reproducción técnica mejor lograda falta el aquí-ahora de la obra original, lo que según Benjamin constituye el aura: "la manifestación irrepetible de una lejanía (por cercana que pueda estar)".
Walter Benjamin fue filósofo, crítico literario, traductor y ensayista.

Joshua Bell (considerado uno de los mejores violinistas del mundo por el mundo de la música, MM) tocó de incógnito en el metro de Washington;
apenas un par de personas se detuvieron a escucharlo;
estaba en el lugar equivocado.

Rafael Lozano-Hemmer dijo:
El aura de autenticidad en el mundo digital es absurda y ridícula.
En los nuevos medios cualquier reproducción implica una copia.
Rafael Lozano-Hemmer es artista de nuevos medios.

En los nuevos medios el aquí-ahora no es una experimentación pasiva o estable sino activa e inestable; es diferente para cada lugar y momento y también para cada espectador.
El aquí-ahora de la obra original es en realidad un allí-entonces.
La contemplación solo puede ser aquí; es el contexto del objeto lo único que puede ser allí-entonces.

Fernando Castro dijo:
El aquí-ahora no definen el aura sino la pulsión consumista del 'lumpenproletariado espiritual', esto es, el ámbito obsesivo en el que tienen que, literalmente, agotarse todas las cosas desde el punto de vista del consumo, precisamente para que ningún deseo quede saciado.
Castro es filósofo, esteta y crítico de arte.

El artista-empresario produce para el arte-negocio, arte mercancía, dijo Don Thompson en *El tiburón de 12 millones de dólares. La curiosa economía del arte contemporáneo y las casas de subastas*.

Iván de la Nuez dijo:
"el Arte Contemporáneo no es 'el arte', sino un intento de inmortalidad con la que se dotó el arte para eludir su transitoriedad en un momento dado'.

Marc Fumaroli dijo:
"No hay derecho a utilizar la palabra arte para lo que se llama el arte contemporáneo, no lo llamemos así; habrá que inventar otra palabra, tal vez *entertainment* para millonarios".

Don Thompson es economista, profesor de ciencias empresariales y experto en arte.
Iván de la Nuez es ensayista, crítico de arte y comisario de exposiciones.
Marc Fumaroli fue historiador, humanista, crítico literario y ensayista.

El *entertainment* para millonarios no existe.
Existen los artistas-empresarios que hacen *entertainment* para millonarios.
Warhol fue un artista-empresario.
Damien Hirst es un artista-empresario.
Jeff Koons es un artista-empresario.
Takashi Murakami es un artista-empresario.
¿Cómo diferenciar un artista de un artista-empresario?

Avelina Lésper dijo:
"El arte contemporáneo es una farsa".
"el problema es que no es arte, estamos ante un estilo que tiene bases únicamente comerciales para exponerse como arte".

Nicolas Bourriaud dijo que:
la no consideración de arte del arte contemporáneo, representa un "pensamiento depresivo, autoritario y reaccionario. [...] el arte ya no busca representar utopías, sino construir espacios concretos".

Según la Wikipedia, Avelina Lésper es escritora, historiadora, columnista y crítica de arte.
Según la Wikipedia, Nicolas Bourriaud es comisario de exposiciones, historiador del arte y crítico de arte, especializado en arte contemporáneo.
Ambas posturas coinciden en que se trata de algo sustancialmente diferente a lo precedente; ya sea no-arte o arte relacional, arte después del fin del arte o del fin de la partida o del fin del juego, arte pre-moderno o arte pos-moderno.
El urinario de Duchamp abrió una brecha entre el arte que contaba con una historia del arte y el arte que no era arte sino otra cosa y que conformaría, desde entonces, la saga de la historia del arte.

Benito Oliva dijo: "Sí, es cierto que no existe un mercado del arte, pero existe el arte del mercado".
Oliva es crítico de arte.

Tim Marlow dijo, a propósito de las pinturas de puntos de Hirst: "Lo que vemos no es lo que vemos".
Marlow es historiador de arte.

Malevich proclamó la nada de la inobjetualidad liberadora en su cuadrado blanco.
Nam June Paik profetizó en los 60:
"Algún día los artistas trabajarán con condensadores, resistencias y semiconductores, igual que hoy lo hacen con pinceles, violines y basura".

Kazimir Malévich y Nam June Paik fueron artistas.

Fragmento del *Manifesto del macchinismo* (1952) de Bruno Munari:
Los artistas deben interesarse por las máquinas, abandonar los románticos pinceles, la paleta de pinturas, el lienzo y el marco; debe empezar a aprender anatomía mecánica, el lenguaje mecánico, comprender la naturaleza de las máquinas, distraerlas para que trabajen de manera irregular, crear obras de arte con las máquinas, con sus propios medios.
No más pinturas al óleo, sino soplete, productos químicos, cromo, óxido, manchas anódicas, alteraciones químicas. No más tela y marco, sino metales, plásticos, cauchos y resinas sintéticas. Formas, colores, movimientos, ruidos de un mundo mecánico, no contemplados desde el exterior y construidas desde la frialdad, sino compuestos en armonía.
¡La máquina actual es un monstruo!
¡La máquina debe convertirse en una obra de arte!
¡Vamos a descubrir el arte de las máquinas!
Según la Wikipedia, Bruno Munari fue artista y diseñador.

Will Gompertz dijo:
"En las escuelas de arte se enseña cómo pensar, en lugar de qué pensar".

Boris Groys dijo:
Lo nuevo es una diferencia sin diferencia, o una diferencia más allá de la diferencia –una diferencia que no somos capaces de reconocer porque no está relacionada con ningún código estructural previamente dado.
Groys es pensador y escritor.

Groys también dijo:
Existen muchas formas de describir e interpretar la diferencia entre la época moderna y la contemporánea;
y propone el análisis de esta diferencia como el contraste entre dos modos de reproducción: mecánica y digital.
Según Walter Benjamin, el original es simplemente otro nombre para la presencia del presente, para algo que ocurre aquí y ahora. Así, analizar nuestros diferentes modos de reproducir el original significa analizar nuestros diferentes modos de experimentar la presencia, la contemporaneidad, el estar copresentes con el flujo temporal, con el acontecimiento original del tiempo, en el tiempo, y, en fin, analizar las técnicas que usamos para producir esa copresencia.

Para Nelly Richard: el uso de materiales 'desobedientes' es la manifestación más obvia de la contemporaneidad, sobre todo en la prestidigitación de lenguajes cifrados que obligan a una verdadera proliferación de interpretaciones posibles.
Nelly Richard es teórica cultural, crítica, ensayista y académica.

José Luis Brea dijo:
La verdadera herramienta mediante la que se ha producido todo lo que llamamos arte en el siglo XX se llama: 'autocrítica inmanente'. Solo aquellos lenguajes, o dominios de producción significante, en los que se proceda a una exploración crítica de sus propios límites contribuyen producciones que legítimamente debemos considerar 'arte'.
José Luis Brea fue filósofo y crítico de arte independiente.

Brea definió el arte electrónico, en su *Breve (y desordenado) antiglosario –o diccionario de tópicos– sobre el arte electrónico* como:
Arte electrónico. Suele llamarse así a todo el que funciona con chismes que se enchufan. Los más informados distinguen los cachivaches eléctricos de los propiamente electrónicos: aquellos que en algún rinconcito incorporan bien transistores bien *chips*, utilizando alguna tecnología informática.
A juzgar por su descripción, Brea no parece ser de los más informados.
Todos los cachivaches electrónicos son cachivaches eléctricos.
Todos los cachivaches eléctricos son pasivos; los electrónicos no necesariamente.

Johnson dijo:
El arte de la programación consiste en imaginar cómo construir la secuencia de instrucciones más eficiente, la secuencia que obtenga más con el código menor, y con la menor probabilidad de colapso.
Steven Johnson, que escribió *Sistemas emergentes. O qué tienen en común hormigas, neuronas, ciudades y software*, es un escritor de divulgación científica bien informado.

Brea también dijo:
Del *computer art* puede decirse que ha sido ya abandonado –o incluso que nunca ha producido trabajo de real interés– toda vez que los territorios de la imagen de síntesis y el arte de programación que le fueron propios han relevado total impotencia para aportar hallazgos reales a la tradición de la autocrítica inmanente que caracteriza el desarrollo del arte del siglo XX.
El *computer* es un cachivache eléctrico, electrónico y digital.

La predicción de Brea no fue demasiada acertada.
Cada vez la producción de arte de nuevos medios (que es lo mismo que *computer art*) es mayor (incluso que la del resto de medios) y como ha ocurrido en todo medio, los artistas han ido encontrando un lenguaje que satisfaga o no a esa 'tradición de la autocrítica inmanente', fundamental para Brea en la definición del arte.

Lev Manovich dijo que el arte de los nuevos medios (arte digital, arte del software, etc.) debe satisfacer los siguientes principios:

a. Representación numérica
b. Modularidad
c. Automatización
d. Variabilidad
e. Transcodificación

La transcodificación es el proceso mediante el cual cualquier medio traducido, convertido, transformado o migrado al dominio digital se convierte, per se, en un nuevo medio.
Otros entendidos de la comunicación llaman a la transcodificación: remediación.
Cualquier obra de arte electrónico remediada se convierte en una obra de nuevos medios.
Lev Manovich es académico y autor de libros sobre teoría de nuevos medios como: *El lenguaje de los nuevos medios de comunicación* y *El software toma el mando*.

Brea publicó un post que tituló *La falacia de la 'autocrítica inmanente'* y luego borró.

En su artículo *La crítica de arte – después de la fe en el arte*, Brea escribió:
La concepción de la crítica se nutre hasta tal punto de esa figura [la autocrítica inmanente] que nos hemos vuelto por completo incapaces de entender que en esa forma del trabajo integrado son nulas las condiciones de distanciamiento epistemológico-analítico que realmente permitirían poner al desnudo la red de intereses, dependencias conceptuales e institucionales que sostienen el sistema en que ellas de hecho se apoyan. Las condiciones que harían posible evidenciar lo en realidad más obvio –pero por completo invisible, desde dentro–: que en su 'espacio lógico' la criticidad es un mero espejismo, una fantasía, que además sirve precisamente al sostenimiento y perpetuación del mismo sistema al que se supone pretende desmantelar. Hasta tal punto que, de hecho y realmente, la pretensión de darse bajo la forma de la 'autocrítica inmanente'– y pese a que esa tradición se ha convertido a estas alturas en la más descafeinada y risible de sus caricaturas– opera en la práctica ya únicamente como un salvoconducto y un blindaje frente a cualquier pretensión de crítica 'exógena', digamos no comprometida y no partícipe del constructo epistémico –de la constelación de supuestos fiduciarios– que constituyen al del arte como un sistema dogmático, refractario a crítica y cuestión.

La cartografía de los nuevos medios es una remediación de la cartografía intermedia de Higgings.
Dick Higgins fue un artista fluxus.
Existen nuevos medios que no son una remediación de la cartografía intermedia de Higgins.
La cartografía está en continua evolución (*work in progress*).

El arte de los nuevos medios, consecuencia inevitable de la 'softwarización', en la sociedad de la información, solo puede ser 'código'.

Nassim Nicholas Taleb dijo:
El mundo es mucho, pero que mucho más complicado de lo que pensamos, lo cual no es ningún problema, excepto cuando la mayoría de nosotros no lo sabe.
Taleb es ensayista, investigador y financiero; también es miembro del Instituto de Ciencias Matemáticas de la Universidad de Nueva York.

Un programa de inteligencia artificial encontró similitudes entre la obra *Studio 9 Rue de la Condamine*, de Frédéric Bazille, y *Shuffleton´s Barbershop*, de Norman Rockwell rastreando los datos que representan las imágenes.
La comparación de valores como el color y el trazo de las pinceladas relacionó estos dos cuadros por primera vez en la historia del arte; a partir de una base de datos con 1.710 reproducciones de pinturas en alta resolución pintadas entre 1412 y 1996 por 66 artistas en 13 estilos pictóricos.

Manovich dijo:
"El nuevo 'obrero de la información' no trabaja directamente con la realidad material sino con sus registros".

Un ordenador o computador es un metamedio.

Robert Kowalski dijo:
`Algoritmo = Lógica + Control.`
Kowalski es lógico e informático.

Arte y artesanía comenzaron a distinguirse con el Renacimiento italiano, a fines del siglo XV.
No le llamaron arte, sino 'bellas artes'.
El artesano es aquel que se dedica a producir obras múltiples.
El artista es creador de obras únicas.

Tal fue la distinción.
¿Todos los artistas de la época de la reproductibilidad múltiple son artesanos?

El Renacimiento produjo artistas como Leonardo da Vinci, Miguel Ángel, Donatello, Tiziano o Rafael.
Estos artistas produjeron obras tales como *La Gioconda*, *La Capilla Sixtina*, *Gattamelata*, *Venus de Urbino* y *Los desposorios de la Virgen*.

El urinario de Duchamp no es una obra de 'bellas artes'.

Para McLuhan el medio es una extensión del ser humano.
Dijo:
Todos los artefactos humanos, –ya sea el lenguaje, o las leyes, o las ideas, o las hipótesis, o los instrumentos, o el vestido, o los ordenadores– son extensiones del cuerpo físico o de la mente.

La 'caja negra' (*black box*) es una metáfora de la tecnología en función del arte.
El 'cubo blanco' (*white cube*), es el paradigma del espacio expositivo moderno;
propuesto como un ámbito de neutralidad, aislamiento y de separación del mundo ordinario.
La 'caja negra' ha puesto en crisis al 'cubo blanco'.

El *net.art* no existe, ni podría existir jamás fuera de la red.
Según Brea:
porque su naturaleza es estrictamente neomedial y su objetivo la propia producción de ese espacio público de intercambio comunicativo, como tal.

Tiempo real no significa aquí-ahora sino, técnicamente, predictibilidad, estabilidad, controlabilidad y alcanzabilidad.

La acción humana normalmente se identifica con el gesto.
Los gestos comprenden un gran diccionario de lenguaje no verbal.
Normalmente corresponden a patrones de movimiento en el tiempo del todo (el cuerpo) o de una parte del todo (las manos, los ojos, etc.).

SAM, (Sound Activated Mobile) por ejemplo, fue creada en 1968 por Edward Ihnatowicz expresamente para la exposición Cybernetic Serendipity.
SAM es una obra compuesta de aluminio, fibra de vidrio, micrófonos, servo-válvulas electrohidráulicas y circuitos electrónicos.
Cybernetic Serendipity se presentó en el Institute of Contemporary Arts de Londres en 1968.
Fue posible gracias a una importante ayuda económica y la colaboración de diferentes empresas como IBM, Boeing, General Motors, Westinghouse, Calcomp, Bell Telephone Labs y the US Air Force Research Labs.

La exposición incluyó 130 obras de más de 43 compositores, artistas y poetas, y 87 ingenieros, programadores y científicos en un espacio de 600 metros; fue visitada por unas 60.000 personas.
Edward Ihnatowicz fue un escultor cibernético.

SAM fue descontinuado debido a la obsolescencia tecnológica. Todos los dispositivos electrónicos y electromecánicos de SAM dejaron de producirse. La obsolescencia tecnológica es la principal debilidad de los nuevos medios; también la fragilidad de su producción.
Todos los componentes tecnológicos de SAM eran 'sacados del estante' (COTS, *Commercial off-the-shelf*): elementos comerciales a la venta en grandes cantidades en el mercado comercial sin más valor que el práctico que pueda tener en el sistema que los integre.
El urinario de Duchamp era un componente COTS.

El código es información: inmaterial e imperecedera;
es un sistema de símbolos que por convención previa está destinado a representar y transmitir la información en un medio desde el emisor hasta el receptor.
El código es blando (*software*), por lo que necesita de un soporte duro (*hardware*) para manifestarse.
El código no tiene masa, peso o forma.

Un algoritmo es un conjunto de instrucciones preciso y completo para generar algún proceso y conseguir una consecuencia específica.
El algoritmo es información.

El código es la implementación blanda del algoritmo.
Un algoritmo puede ser implementado en diferentes códigos y lenguajes de máquina.

La piedra de rosetta fue capaz de almacenar alrededor de dos bits de datos por pulgada cuadrada;
la información sigue intacta dos mil años después.
Un DVD almacena 100 gigabytes en la misma superficie, por un máximo de solo 30 años.
Si usted quisiera podría grabar datos binarios en piedra rosetta o fundirlos en titanio;
la información seguirá intacta dos mil años después.

La fragilidad es entendida como la vulnerabilidad a la volatilidad de las cosas.
La fragilidad disminuye con el aumento de la redundancia y la disminución de la entropía.

El error de tipificación lógica consiste en considerar como 'clase' a un 'miembro' de una clase.
Los tipos lógicos proporcionan una base para considera la relación entre miembro y clase;
respecto a una obra como miembro la peculiar metamorfosis que representan las mutaciones de un nivel lógico al inmediatamente superior.
Al intentar una solución a un problema en el nivel lógico equivocado se genera nuevos errores de tipificación lógica;
Según Taleb:
"Es como elaborar un medicamento para plantas y aplicárselo a los seres humanos".

Considerar como clase arte a las bellas artes es cometer un error de tipificación lógica.
Considerar como clase arte al arte contemporáneo es cometer un error de tipificación lógica.
Considerar como clase arte al arte de los nuevos medios es cometer un error de tipificación lógica.
Las bellas artes, el arte contemporáneo y el arte de los nuevos medios son miembros de la clase arte.
Los errores de tipificación lógica producen una serie de paradojas irresolubles;
se emprende la acción a un nivel lógico equivocado.

La paradoja es una contradicción que resulta de una deducción correcta a partir de premisas congruentes.
Es un razonamiento que conduce a dos enunciados mutuamente contradictorios, de tal modo que ninguno de los dos puede ser abandonado;
se introduce como parte de la solución un supuesto que hace esta última imposible.

Para Aristóteles el cambio es el paso de la potencialidad a la actualidad.
"No puede haber movimiento del movimiento, o devenir del devenir, o en general cambio del cambio", dijo y erró.
El cambio del cambio es introducido en una totalidad desde el contexto.

El término 'grupo' (equivalente a tipo) fue introducido por el matemático Evariste Galois.

Una totalidad o grupo está compuesta por miembros o partes, mientras que la totalidad misma, el todo, es denominada clase, en lugar de grupo.
Un axioma esencial de la teoría de los tipos lógicos es: cualquier cosa que comprenda o abarque a todos los miembros de una colección, no puede ser un miembro de la misma.

La totalidad del arte es distributiva;
la unidad es definida por la relación isológica entre partes semejantes (obras de artes) que desempeñan funciones análogas a la de cualquier otra parte (otros objetos).
La totalidad de una obra de arte es atributiva;
la unidad es definida por la relación sinalógica entre sus partes, dado que su unidad procede de la composición entre partes diferentes que desempeñan funciones atributivas, específicas y distintas.
Una relación sinalógica expresa una unidad entre partes que mantienen relaciones de contigüidad (contacto), proximidad o continuidad en oposición a una relación isológica que expresa unidad entre términos que no precisan vínculos de contigüidad (contacto), proximidad o continuidad, sino vínculos de isomorfía, semejanza, etc.

El psicólogo Csikszentmihaly dijo:
En las ciencias sociales las afirmaciones no suelen ser ni verdaderas ni falsas;
tan solo declaran la superioridad estadística de una hipótesis sobre otra.

Muñoz Viñas dijo:
"Un billete falsificado o mal datado es un auténtico billete falsificado o mal datado mientras que un billete auténtico es un auténtico billete auténtico, porque se dice que algo es auténtico cuando se puede identificar con lo que se cree que debería ser identificado".
Un billete falsificado no es un billete auténtico.

Salvador Muñoz Viñas es catedratico de conservación y restauración de bienes culturales en la Universidad Politécnica de Valencia.
Él escribió: *Teoría contemporánea de la restauración.*

Brandi escribió: *Teoría del Restauro.*
Según la Wikipedia: Cesare Brandi fue historiador y crítico de arte, ensayista y especialista en la teoría de restauración de obras de arte.

Todas las teorías de Conservación-Restauración (CR):

a. Restauro (C. Brandi)
b. Restauración Estilística (Viollet-le-Duc)
c. Restauración Romántica -anti-restauro- (Ruskin y Morris)
d. Restauración Histórica (L. Beltrami)
e. Restauración Moderna (C. Boito)
f. Restauración Contemporánea (S. Muñoz-Viñas)
g. Conservación Evolutiva (el autor)

intentan responder a la misma pregunta: ¿cuál debería ser el estado de autenticidad final?
¿cuál es el estado de autenticidad a elegir?

Teniendo en cuenta que:
No existe un estado de autenticidad más verdadero que otro.
No existe un estado de autenticidad más auténtico que otro.

El objeto de conservación-restauración (O-CR) es la obra de arte;
aquello que producen los artistas.
La Restauración es inmanente al O-CR, tiene su fin dentro del mismo O-CR;
está unida de un modo inseparable a su esencia.

Una parte de esta esencia está 'en' el O-CR; es intrínseca.
La cosa-en-sí; real, el fenómeno (hecho), una totalidad atributiva.
Otra parte de esta esencia está 'fuera' del O-CR; es extrínseca.
La cosa-para-sí; virtual, las propiedades percibidas del fenómeno (experiencia), una totalidad distributiva.
No existe la una sin la otra.

Lo cosa-en-sí de una obra y su indiscernible puede ser idéntica.
Lo cosa-para-sí de una obra y su indiscernible puede no ser idéntica.
Margolis ofrece una doctrina que favorece entidades (reales) que son físicamente encarnadas pero culturalmente emergentes (virtuales).
Es una solución que une objetos y sujetos.

Mikel Dufrenne dijo:
si el objeto ordinario nos invita a salir de la percepción, el objeto estético nos remite a ella ineludiblemente.

Un objeto puede ser ordinario o estético con total independencia del objeto.

Según Dufrenne, es indiferente que el objeto ordinario sea bien o mal percibido; el objeto estético, sin embargo "reclama una percepción lo más intensa y completa posible, pues solo a través de su apariencia sensible alcanza su trascendencia significativa".

Que un objeto sea ordinario o no, no depende del propio objeto. Dos objetos indiscernibles pueden remitir a un objeto ordinario y a un objeto estético. La naturaleza estética u ordinaria no está inscrita en el objeto sino que es proyectada sobre él.
La trascendencia significativa de su apariencia sensible no solo reclama de una percepción intensa y completa sino de algo que está fuera del objeto, de una cognición del flujo histórico y artístico en el cual está inscrito.
Exige una intencionalidad en la producción y en la recepción.
Se trata de objetos líquidos, cuya materialidad no dice mucho de su cualidad estética.
Sus cualidades estéticas son inmateriales.
Mikel Dufrenne es filósofo.

Existen obras de arte cuyo productor no tenía la más mínima intencionalidad de que fuese un objeto estético;
por ejemplo, el caso de los catorce videojuegos adquiridos por el MoMA en 2012 por Antonelli.
Fue un conjunto de académicos, conservadores, expertos legales, historiadores y críticos los que determinaron no solo qué títulos debía adquirir sino también su propiedad.
Paola Antonelli es arquitecta, comisaria de diseño y directora de I+D del MoMA de Nueva York.

Pac-Man (1980), Tetris (1984), Another World (1991) Myst (1993), SimCity 2000 (1994), Vib-ribbon (1999), The Sims (2000), Katamari Damacy (2004), EVE Online (2003), Dwarf Fortress (2006), Portal (2007), flOw (2006), Passage (2008) y Canabalt (2009) fueron producidos por sus respectivos autores como videojuegos para vender en masa.
Antonelli aseguró rotundamente que los videojuegos son arte, pero también diseño;
El MoMa se ha distinguido en el diseño por la cobertura que le ha dado a lo largo de su historia.
La curadora va aún más lejos y ensalza la belleza del diseño que no se ve, el del código informático, que es lo que el MoMa ha adquirido.

No todos los creadores de los videojuegos vendieron el código fuente; sino el ejecutable (código al que no es posible realizar cambios).

El MoMA consultó a académicos, conservadores, expertos legales, historiadores y críticos no solo sobre qué títulos debía adquirir, sino cómo adquirir la propiedad del código, cómo exhibirlo y conservarlo.
"La adquisición permitirá al museo estudiar, preservar y exhibir videojuegos como parte de la colección de Arte y Arquitectura".
Los videojuegos conectan con la 'estética relacional' de Nicolas Bourriaud; en la medida en que, a través del juego, se construye la intersubjetividad entre creadores y jugadores.

En 2012 quedadan por adquirir:
Spacewar! (1962), Odyssey console (1972), Pong (1972), Snake (1970), Space Invaders (1978), Asteroids (1979), Zork (1979), Tempest (1981), Donkey Kong (1981), Yars' Revenge (1982), M.U.L.E. (1983), Core War (1984), Marble Madness (1984), Super Mario Bros. (1985), The Legend of Zelda (1986), NetHack (1987), Street Fighter II (1991), Chrono Trigger (1995), Super Mario 64 (1996), Grim Fandango (1998), Animal Crossing (2001) y Minecraft (2011).

Es arte lo que un artista dice que es arte.
Es arte todo lo que una curadora dice que es arte.

Curador (*curator* en inglés), conservador o comisario con términos que se utilizan en distintas regiones y maneras en referencia a la persona responsable del discurso teórico y de la selección de obras de arte de una exposición.
En el diccionario de la Real Academia Española (RAE), la entrada 'comisario' no ofrece ninguna definición relacionada con la creación, concepción y organización de exposiciones temporales.
La palabra curador sí: "persona que cura algo, como lienzos, pescados o carnes";
la palabra curar hace referencia a "secar o preparar algo convenientemente para su conservación" o "cuidar algo, poner cuidado".
La traducción exacta al español de curator sería conservador, es decir, aquella persona que es responsable de la conservación (o cuidado) y adquisición de obras artísticas o piezas de valor que se encuentran en un museo.

En España no se utiliza la palabra comisario como sinónimo de conservador de un museo sino que se establece una distinción entre ambos términos;
el primero de ellos (comisario) se asocia exclusivamente a exposiciones temporales, mientras que el segundo (conservador) se refiere a los museos y al cuidado de sus colecciones permanentes.
No se usa el término curador.
El comisario-artista es una especie de diseñador autónomo (*freelance*) de exposiciones temporales.

Carlos Fuentes dijo:
"El pasado humano se llama memoria. El futuro humano se llama deseo".
Carlos Fuentes fue escritor.

No podemos prever el futuro.
Solo podemos preservar el pasado.

Los cambios más relevantes para el O-CR son:

a. fotografía (1839)
b. cine (1895)
c. performance (1900)
d. arte conceptual (1917)
e. arte por ordenador (1960)

La irrealidad se extiende desde la realidad (concreta, material, señal) hasta la virtualidad (abstracta, intangible, dato); pasando por la realidad aumentada y la virtualidad aumentada.
Algunos llaman 'realidad mixta' al espacio en el que se mezclan la interactividad de la realidad virtual y el poder visual de la realidad aumentada.

Después de Einstein la realidad parece ficción.
Las distancias en movimiento se acortan y los tiempos en movimiento se ralentizan.
Albert Einstein no necesita presentación.

La realidad ya no es lo que era.
Antes de Einstein no existía la realidad aumentada, la realidad virtual y la realidad mixta;
tampoco la hiperrealidad.

Todo medio terminará siendo un nuevo medio.

Autenticidad, objetividad, universalidad y reversibilidad solo tienen sentido para la CR de las bellas artes.

A 300.000 Km s^{-1} (299.792.458 m s^{-1} exactamente) los relojes marcan tiempos diferentes y los objetos cambian de tamaño.
En 'esta' realidad lo observado depende de quien lo observa y el movimiento garantiza la inmortalidad.
Einstein descubrió que el espacio y el tiempo forman un todo de cuatro dimensiones, el espacio-tiempo;
demostró que una pequeña cantidad de masa podía generar una energía devastadora: una realidad inquietante.
El espacio-tiempo es la historia del espacio, una estructura dinámica deformable.

No hay tal realidad sino irrealidad: modelos teóricos, simulaciones, ficciones en sí mismas, que intentan explicar su funcionamiento.
Platón afirmaba, hace más de 300 años a.C., que la realidad es algo que se parece a la cosa real, pero que no es real.
No hay tal realidad sino metáforas, alusiones a algo que nunca termina de definirse.

Boris Groys dijo:
"El cambio es nuestro *statu quo*. El cambio permanente es nuestra única realidad".

Stephen Hawking dijo que existen tres flechas del tiempo:

a. termodinámica
b. psicológica
c. cosmológica

La flecha del tiempo cosmológica es la dirección del tiempo en la que el universo se expande y no se contrae.
La flecha del tiempo termodinámica es la dirección en aquella en la que aumenta el desorden o la entropía; algo que da una dirección al tiempo y distingue el pasado del futuro.
La flecha del tiempo psicológica es "la dirección en la que sentimos que el tiempo pasa: la dirección del tiempo en la que recordamos el pasado pero no el futuro".

El tiempo en el arte corresponde a la flecha del tiempo psicológica.
El envejecimiento de las obras de artes corresponde a la flecha de tiempo termodinámica.

La realidad es materia, energía e información.
Materia es todo aquello que ocupa un lugar en el espacio (tiene dimensión) y está sujeto a cambios en el tiempo (movimiento).
El espacio es donde ocurren las cosas.
El tiempo es cuando pasan las cosas.

Stephen William Hawking fue un físico teórico, astrofísico, cosmólogo y divulgador científico.

La causa del envejecimiento en realidad no es el tiempo, sino el intercambio energético que se produce según pasa el tiempo.
Un sistema aislado, sin intercambio de materia, energía e información está condenado a la 'muerte térmica'.
La muerte térmica corresponde al estado de máxima entropía, con temperatura y composición uniformes, sin oportunidad de realizar trabajo.
En un sistema aislado no es posible el envejecimiento.

El objetivo principal de la preservación es el aislamiento; no un aislamiento cerrado, sino un aislamiento abierto.
La preservación actúa sobre el entorno, no sobre el O-CR, para controlar el intercambio energético y retardar así el envejecimiento.
Tal actuación se produce en términos de ligaduras.

Una ligadura es una restricción o confinamiento dentro de límites prescritos;
una propiedad negativa de una colección o conjunto de alguna clase.
Las ligaduras son lo que no está, pero podría haber estado.

Según Kaku, es más fácil destruir que construir.
Michio Kaku es físico teórico.

Es más fácil freír un huevo que desfreírlo.
Lo sorprendente de la ley de conservación de la energía es que no depende del tiempo *per se*.

La neguentropía es el mecanismo que mantiene a raya la degradación termodinámica (el envejecimiento).
La neguentropía contrarresta la incesante tendencia de los componentes del sistema a destruirse (la segunda ley de la termodinámica); se debe ejercer un trabajo continuo sobre el objeto a preservar.
Esto solo es posible en sistemas abiertos.

Los O-CR pasivos (bellas artes, en general) están sometidos mucho más a la degradación que los objetos activos (arte contemporáneo y nuevos medios, en general);
no reciben un suministro continuo de energía que genere las ligaduras necesarias para mantener su estabilidad estructural y funcional.
Los procesos neguentrópicos conservan las ligaduras a costa de la interrupción prematura de la generación de entropía.

En general, es posible describir todas las formas de trabajo como una actividad necesaria para vencer la resistencia al cambio.
La resistencia puede ser pasiva o activa, de manera que el trabajo puede ir encaminado a provocar un cambio que, de otro modo, no ocurriría o a impedir un cambio que ocurriría en su ausencia.

La plastinación es un procedimiento técnico de preservación de material biológico que consiste en extraer los líquidos corporales, como el agua y los lípidos, por medio de solventes como acetona fría y tibia para luego sustituirlos por resinas elásticas de silicona y rígidos de epóxicas.

Los 'especímenes plastinados' están los suficientemente aislados: no requieren de ningún sistema especial de preservación; solo se han de mantener alejados de la luz solar directa y cuando no estén expuestos se han de proteger en bolsas o vitrinas. Un ejemplo de 'especímenes plastinados' son las obras del proyecto *Body Worlds*, del artista y científico Gunther von Hagens.

La realidad fundamental del universo no es la materia o la energía, sino la 'información'.
"La información contenida en esta frase no tiene masa, ni momento, ni carga eléctrica, ni solidez, ni ninguna extensión clara en nuestro espacio interior, ni en nuestro entorno, ni en ninguna otra parte".
Dijo Terrence W. Deacon en *Naturaleza incompleta. Cómo la mente emergió de la materia*.
Terrence William Deacon es neuroantropólogo.

Deacon también dijo que la información consiste en última instancia en ligaduras preservadas.
La información es una medida de diferencia y orden, con independencia de su función referencial.
La irrealidad, ya sea objetiva o subjetiva, modelo o metáfora, es información.

Liessmann dijo que Flusser dijo:
Si los mundos virtuales (generados por los nuevos medios) son indiscernibles de las realidades, ya no es posible distinguir entre apariencia y realidad.

Vilém Flusser fue escritor, filósofo y periodista.
Konrad Paul Liessmann es filósofo, ensayista y publicista cultural.
El libro donde cita a Flusser es: *Filosofía del arte moderno.*

Todo concepto tradicional de 'realidad' debe ser reemplazado por el de 'irrealidad'.
Información es código:
símbolos que sustituyen a otros símbolos, entidades abstractas que representan cualidades y cantidades, que pueden ser procesados por sistemas formales.
Los símbolos, por convención, expresan 'significados'.

Umberto Eco definió 'código' como la regla que asocia algunos elementos de un sistema con elementos de otros sistemas.
Estas reglas establecen la relación entre determinada serie de señales sintácticas con determinado estados o segmentaciones 'pertinentes' de sistemas semánticos, o bien establece que:
"tanto las unidades del sistema semántico como las del sistema sintáctico, una vez asociadas, corresponden a determinada respuesta".
Umberto Eco no necesita presentación; fue semiólogo, filósofo y escritor.

Ralph Hartley dijo:
La información es un término muy elástico.
Shannon definió la información en términos de incertidumbre; como la cantidad alternativa que participa en la selección de un suceso, como una medida de sorpresa, de lo inesperado.

Shannon definió la entropía de un mensaje mediante una fórmula muy elegante (muy similar a la fórmula de entropía de Boltzmann):

$$H = -\sum_i p_i \log_2 p_i;$$

p_i es la probabilidad de cada estado o mensaje i.
H es la unidad de información: *bit*.
La fórmula de la entropía de Boltzmann puede derivarse de la fórmula de la entropía de Shannon cuando todos los estados son igualmente probables.

Información y probabilidad son inseparables.
La redundancia es escasez de información (en lo redundante no existe información nueva).

Ralph Vinton Lyon Hartley fue ingeniero.
Claude Elwood Shannon fue matemático, ingeniero eléctrico y criptógrafo;
Shannon fue el creador de la teoría de la información.
La teoría de la información es también conocida como teoría matemática de la comunicación.
Ludwig Eduard Boltzmann fue físico.

Richard Dawkins definió 'meme' como 'unidad teórica de transmisión cultural'.
Todo el patrimonio cultural (material e inmaterial) implica la idea de 'transmisión';
La CR tiene fuerte vinculación con la información; los genes se transmiten hereditariamente, los memes se transmiten voluntariamente y esto tiene una gran importancia: mantener las 'culturas calientes' gracias al 'tabú del museo'.

Boris Groys dijo:
Precisamente, si el pasado no se colecciona, si el arte del pasado no está protegido por el museo, tiene sentido –e incluso se convierte en una obligación casi moral– permanecer fiel a lo antiguo, seguir las tradiciones y resistir al trabajo de destrucción del tiempo. Las culturas que no tienen museos son 'culturas frías', tal y como las definió Lévi-Strauss, y estas culturas intentan mantener su identidad cultural intacta mediante una reproducción constante del pasado. Esto lo hacen porque sienten la amenaza del olvido, de una pérdida completa de la memoria histórica. Sin embargo, si el pasado se colecciona y se preserva en los museos, la reproducción de los estilos, las formas y las convenciones antiguas es innecesaria.

Groys también dijo:
E incluso la repetición de lo antiguo y lo tradicional se convierte en algo socialmente prohibido o, al menos, en una práctica ingrata. La fórmula más general de arte moderno no es 'Ahora soy libre para hacer algo nuevo', sino que más bien ya no es posible hacer algo antiguo. Tal y como dice Malevich, pintar el culo gordo de Venus se ha convertido en algo imposible, pero únicamente porque hay museos. Si las obras de Rubens se quemaran de verdad, tal y como sugería Malevich, de hecho se abriría un nuevo camino para pintar el nuevo culo gordo de Venus. La estrategia de la vanguardia empieza no con una abertura a una mayor libertad, sino con el surgimiento de un nuevo tabú, el 'tabú del museo', que prohíbe la repetición de lo antiguo porque lo antiguo ya no desaparece, sino que permanece expuesto.

Claude Lévi-Strauss fue antropólogo, filósofo y etnólogo.

Fernando Castro dijo:
El Museo más que exponer consagra, asumiendo incluso aquello que, 'radicalmente', se le opone;
la nevera museística ha congelado todo aquello que, en apariencia, se le oponía.
Hay algo más que un juego fonético o una etimología peregrina que vincula museo con mausoleo.
La vitrina convierte en reliquia lo que contiene, lo cotidiano está enrarecido: cercano, pero localizado en una distancia absoluta.
Archivar es un acto de consignar reuniendo los signos.

El archivo desborda información y, pese a la 'economía cultural' parece que acumula más que expurga.
El archivo es un almacén de irrealidad.
Groys dijo:
La realidad es lo que queda fuera del archivo (espacio primario). El archivo (espacio secundario) acumula dentro, en el espacio elevado, indiscernibles del espacio profano transformados en irrealidad.
La irrealidad interior al archivo es considerada valiosa y digna de ser protegida, mientras que la realidad exterior al archivo se acepta decadente, mortal y breve.
Las cosas reales representadas en el arte deben morir.

Stalin ordenó embalsamar a Lenin, no para que 'viviera'en la eternidad, sino porque lo que permanece expuesto, lo antiguo que no desaparece, prohíbe su repetición. La momia de Lenin es testimonio del abandono de 'Lenin' sin dejar ninguna huella.

La 'economía cultural' es definida por Boris Groys como: "el intercambio que se produce entre el archivo de los valores culturales y el espacio profano exterior a ese archivo".

Por mucho que se desee elevar el arte a la inmortalidad, no se debe olvidar que la realidad, independientemente de su localización, dentro o fuera del archivo, es efímera, está sometida continuamente al cambio.
Para que la realidad continúe viva es necesario matarla.

Boris Groys dijo:
Se quiere salvar el cuadro en el que una vaca aparece especialmente bien pintada; pero el destino de la propia vaca es indiferente a todo el mundo. Y ello significa que precisamente lo más propio de la realidad –esto es, su caducidad– no puede ser reproducido o representado en el archivo. Incluso el arte que pretende escenificar en los espacios del museo su propia caducidad acaba documentado, archivado y custodiado.

El archivo presupone que todo aquello que no puede ser reproducido o representado debe ser documentado y archivado;
no se restaura como es, sino como es restaurable;
se suplanta un objeto por otro, se fetichiza.
No se debe olvidar que el fetiche es la documentación, no la obra; es el texto de la vaca, no la vaca.

Einstein y Bergson discreparon durante años por el significado de la realidad y es que, las cuestiones del tiempo, se complican, y mucho, cuando aparece el movimiento.

A Lenin lo embalsamaron, no lo plastinaron;
Su Mausoleo es su Museo.

Para Bergson los relojes servían para llegar a citas importantes, poniendo en juego cosas muy humanas y mundanas.
Henri-Louis Bergson fue filósofo.

Julian Barbus dijo que el movimiento es el indicador del tiempo.
Barbus es científico.

Las teorías de Einstein, por más extravagantes que parecieran, fueron probadas.
Se cumplen.
Bergson confundió el tiempo al que se refería (el de las pequeñas cosas, en la escala humana), con el tiempo del que hablaba Einstein (el de las grandes cosas, en la escala termodinámica y cosmológica); hablaban de tiempos diferentes o del mismo tiempo, desde puntos de vista diferentes.

La idea fundamental de Bergson es la de la duración: no solamente el hombre se percibe a sí mismo como duración, *durée réelle,* sino que también la realidad entera es duración y *élan vital.*
Bergson se refirió a un tiempo que, aunque muchos interpretan como psicológico, era una mezcla de tiempo objetivo y subjetivo.

Elie During dijo que:
en el meollo de este debate está la propia noción de la filosofía: "al considerar el tiempo únicamente de dos maneras, objetiva y subjetivamente, perdemos de vista lo esencial".
Elie During es filósofo.

El tiempo termodinámico, el tiempo cronológico, el objetivo, es el catalizador de la alteración 'natural' de las obras de arte, del envejecimiento.
Según Taleb,
el tiempo que consigue que el material más duro termine pareciendo una ruina romana.
El tiempo psicológico, el subjetivo, el tiempo inducido durante el proceso de percepción de la obra.
El reloj siempre tarda lo mismo en marcar los minutos que pueden parecernos eternos, o al contrario.

Rudolf Arnheim dijo:
Materialmente, todas las cosas y los sucesos tienen una ubicación en el tiempo. Ahora, cuando la polución atmosférica ataca las esculturas, nos damos cuenta con tristeza de que hasta el mármol o el bronce está sujeto a una trayectoria vital propia, que distingue su estado de hoy del de ayer. Psicológicamente, sin embargo, una estatua está fuera del tiempo.

El tiempo psicológico es el tiempo de la contemplación, de la identificación, interpretación y cognición.
Es el tiempo a CR.
Arnheim fue psicólogo y filósofo.

Para los egipcios el arte es inmovilidad y eternidad.
Se elimina cualquier atributo que pueda sugerir movimiento.

El espacio hace posible la simultaneidad, mientras que el tiempo la secuencialidad.

La relativa inmaterialidad del arte de los 90 es una señal de que sus artistas dan prioridad al tiempo más que al espacio y a la voluntad de reproducir objetos.
El receptor (espectador) ideal es ahora un consumidor de espacio-tiempo.
Los artistas exponen y exploran el proceso que conduce hasta los objetos, hasta el sentido.

El espacio, según Camón Aznar, aparece como una expresión de la temporalidad.
La temporalidad es el pretexto y cauce para hacer que el alma convierta a la realidad en estados de conciencia.
Según la Wikipedia:
José Camón Aznar fue catedrático, historiador del arte, escritor y pensador.

Cage decía que el espacio y el tiempo vacío no existen.
La forma temporal es multidimensional.
Según la Wikipedia:
John Cage fue compositor, teórico musical, artista y filósofo.

Jackson Pollock creó el primer estilo 100 % estadounidense: lo que se conoce como expresionismo abstracto.
Clement Greenberg fue el gurú del expresionismo abstracto.
Para la CIA, el expresionismo abstracto resultó ideal para su confrontación propagandística con el arte soviético.
Donald Jameson dijo:
¿Habláis de un hombre nuevo?
Aquí lo tenéis, en Estados Unidos.
Jameson fue uno de los directivos de la CIA encargados del proyecto de financiación del expresionismo abstracto.

Rudolf Arnheim contó la siguiente conversación entre dos estudiantes, uno pintor y el otro músico:
El pintor dice: ¡No comprendo cómo podéis dar unidad a las partes de una pieza musical, si nunca se os presentan al mismo tiempo!
El músico le asegura que eso no es una dificultad grave y añade:
¡Lo que yo no comprendo es cómo vosotros os las arregláis para no perderos en un cuadro, sin saber por dónde se empieza ni por dónde se acaba, ni hacia dónde hay que tirar en cada punto!

La inmaterialidad en el arte contemporáneo y en el arte de los nuevos medios borró la distinción clásica de espacio-tiempo en las bellas artes.

Movimiento es el estado de los objetos mientras cambian de lugar o de posición.
La autenticidad es movimiento;
el estado de los objetos mientras pasa el tiempo (el lugar o la posición no afecta al estado de autenticidad).

Para Bergson el movimiento no puede ser sino continuo; por eso criticó con ahínco la discontinuidad con que los científicos estudian el movimiento.
¡Para la mecánica clásica el tiempo es reversible!
Es posible conocer lo que ocurre en un instante de tiempo independientemente de si ese tiempo corresponde al pasado, al presente, o al futuro.
Tal reversibilidad lleva a la reflexión filosófica de que todo está dado, de que no es posible la creación; algo que Bergson, por supuesto, no compartió.

Einstein dijo:
la distinción entre pasado, presente y futuro es solo una ilusión, por persistente que esta sea.

El tiempo no existe, solo representa diferentes experiencias o estados de conciencia del presente como una casa representa la totalidad de un número de estancias.
El tiempo sí existe;
se trata solo de una simplificación teórica que funciona a escala humana;
se trata del tiempo de las pequeñas cosas.

Morfología es la disciplina que se ocupa del estudio de las formas.
Ontología es la parte de la metafísica que trata del ser en general y de sus propiedades trascendentales;
ser no se refiere a sujeto, en exclusiva, también a objetos.
Mereología es la parte de la lógica matemática y la filosofía que estudia las partes de un conjunto, y analiza la relación de las partes-entre-sí (*parthood*) y de la de las partes con el todo.

En las secuencias fotográficas de Muybridge lo que ocurre de un fotograma al siguiente (o entre cualquier par de imágenes) es considerado movimiento físico (mecánico);
un movimiento de traslación de una posición *A* a otra posición *B*.
Deleuze denominó 'cortes inmóviles' a las partes del intervalo entre *A* y *B*; pueden ser tantos como se desee y, por lo tanto, determinan el movimiento de *A* a *B*.
Edward James Muggeridge, conocido como Eadweard Muybridge, fue fotógrafo e investigador.
Gilles Deleuze fue un filósofo.

Cada corte inmóvil posee dos atributos:

a. momento (instante)
b. posición (lugar)

Desde fuera, en cada instante de su trayectoria, el móvil (objeto en movimiento) pasa por un cierto punto, y por consiguiente pueden distinguirse en el movimiento tantas etapas como se quiera;
el movimiento es infinitamente divisible.

Sin embargo, suponer que el móvil está en un punto de su recorrido es cortar el trayecto en dos y sustituir por dos trayectos la trayectoria única;
es distinguir dos actos sucesivos donde, por hipótesis de partida, no hay más que uno.
El salto de *A* a *B* puede durar segundos, días, meses, años; pero, al ser único, resulta incomponible.

En el movimiento, no es el cambio de posición (flujo) lo que interesa, sino las posiciones mismas (los estados); las inmovilidades son necesarias.
El movimiento es la realidad misma y la inmovilidad es un cierto estado de cosas análogo al que se produce cuando dos trenes marchan con la misma velocidad por vías paralelas en el mismo sentido;
cada uno de los trenes estará inmóvil para los viajeros que estén sentados en el otro.

Claude Shannon fue primo lejano de Thomas Edison.

La revista *Life* llamó a los expresionistas abstactos Newman, Rothko, Pollock, Motherwell, Sterne, Kooning y Reinhardt, los 'irascibles'.

En la ecuación de la entropía hay dos conceptos relacionados: información y probabilidad.
Un evento no aporta ninguna información si su probabilidad es máxima e igual a 1; si ocurre siempre.
La información es máxima cuando la probabilidad de ocurrencia de ese evento sea mínima; cercana a 0.
Se trata de un evento muy improbable.

La información I es inversamente proporcional a la probabilidad p_i de un evento i.
Matemáticamente, esto se expresa por medio de la inversa de la probabilidad p; es decir $I = \frac{1}{p}$.
Para eventos de igual probabilidad (como las seis caras de un cubo, $p = \frac{1}{6}$), la inversa de la probabilidad refleja el número de alternativas posibles del evento, los 6 grados de libertad.
El código binario consta solo de dos símbolos: 0 y 1;
como el código Morse: • y –.
Samuel Finley Breese Morse fue inventor y pintor.

¿Cuántas combinaciones diferentes es posible crear con 3 dígitos binarios?
Por cada dígito seleccionado en una posición existen 2 posibilidades para la posición siguiente.
Para tres dígitos el número de combinaciones es 8;

$$2 \times 2 \times 2 = 2^3 = 8$$

La probabilidad de ocurrencia para cualquier mensaje con estos 3 dígitos binarios es:

$$p = \frac{1}{8} = 0{,}125$$

Si se utilizan 5 dígitos por mensaje (en lugar de 3), se podrían codificar 32 mensajes:

$$2 \times 2 \times 2 \times 2 \times 2 = 2^5 = 32$$

lo que es lo mismo que:

$$(2 \times 2) \times (2 \times 2 \times 2) = 2^2 \times 2^3 = 2^5 = 32$$

Multiplicar potencias de la misma base equivale a sumar los exponentes.
Esta propiedad de convertir la multiplicación en suma da sentido a la operación matemática conocida como logaritmo o log.

$$\begin{aligned} \log_2 2^2 &= 2 \\ \log_2 2^3 &= 3 \\ \log_2 2^2 + \log_2 2^3 &= \log_2 2^5 = 5 \end{aligned}$$

Con n dígitos es posible generar 2^n mensajes.
Esta es una función exponencial que crece muy rápido según aumenta el número de dígitos del mensaje.
El logaritmo de esta expresión ($\log_2 2^n = n$) también crece, pero mucho más lento; lo hace de manera lineal.
Es más conveniente expresar la información I en términos del logaritmo de la inversa de la probabilidad de ocurrencia de un evento:

$$I = \log_2 \frac{1}{p} = -\log_2 p$$

La información de un mensaje de 4 dígitos puede ser descompuesta por la suma:

$$I = -\log_2 p_1 - \log_2 p_2 - \log_2 p_3 - \log_2 p_4$$

Es posible descomponer cada dígito como un evento que toma una de 2 posibles alternativas.
Estas alternativas no son independientes;
si el símbolo no es 1 debe ser 0 y viceversa.

Si entiende que ya ha tenido suficiente de potencias y logaritmos o no le interesan las matemáticas o incluso le parecen irrelevantes, sáltese todos los párrafos que siguen con fórmulas y números.
El currículum de las facultades de arte también lo ha hecho.

La interdependencia de las 2 posibles alternativas se puede expresar multiplicando cada alternativa por su probabilidad de ocurrencia respecto al evento total p_i, tal que:

$$I = -p_1 \log_2 p_1 - p_2 \log_2 p_2 - p_3 \log_2 p_3 - p_4 \log_2 p_4$$

Esto garantiza que las probabilidades no sean las mismas para cada símbolo y permite modelar mejor la realidad.
En la lengua española la letra 'e ' es más probable que la letra 'x '.
En inglés la letra que más repite es la 'e '.
Por eso Morse le asignó el símbolo más corto, el punto: •.

La entropía de Shannon H es definida por la suma ponderada de la información de todos los eventos dependientes.
Shannon consideró la información como números y probabilidades.
Si la información es una probabilidad, ¿cuál es la probabilidad más simple que existe?:
¿cara o cruz?, ¿si o no?, ¿encendido o apagado?
La probabilidad más simple es 0 o 1.
Cualquier información (sonido, imagen, texto) puede ser descompuesta en piezas lo suficientemente pequeñas que respondan a la misma cuestión: ¿si o no?

Shannon publicó sus ideas en 1949, justo cuando un grupo de ingenieros, en el mismo edificio en el que trabajaba, inventó el transistor: una pequeña máquina que respondía si o no.
Si la respuesta es si, el interruptor se enciende.
Si la respuesta es no, el interruptor se apaga.
Es posible representar la respuesta si o no, con un solo dígito binario 0 o 1, con un bit de información.
El mundo digital está construido sobre esta base y funciona; lo hace 'como si fuese' analógico.
Shannon respondió a una pregunta que nadie se había hecho y cambió el mundo para siempre; como hizo Einstein en su día.
La fórmula de Shannon es simple, bella y útil.

Bense y Moles desarrollaron la estética de la información y formularon el orden y la complejidad de una obra de arte en términos de redundancia y de la noción de información de Shannon.
Bense consideraba la acción creativa de pintar como un proceso teleológico de transición desde un estado inicial (paleta) hasta una distribución final del color en un soporte físico (lienzo).

Max Bense fue filósofo, matemático, físico y escritor.
Abraham Moles fue ingeniero eléctrico y acústico, doctor en física y filosofía.

La estética de la información tenía la pretensión de proveer una teoría racional y objetiva de la estética.

Negroponte dijo:
Todo lo que pueda ser digital, será digital.
Nicholas Negroponte es informático y arquitecto, fundador y director del MIT Media Lab.

John Bardeen, William Shockley y Walter Brattain compartieron un Nobel por inventar el transistor.

Nake dijo:
La estética objetiva debería ser como el termómetro que usamos para medir la temperatura en una habitación cerrada.
Fue un intento emocionante y provocador; pero no obtuvo suficiente reconocimiento y acabó desapareciendo en silencio.

La estética no es arte;
ni se ocupa, en exclusiva, del problema de la belleza y de la fealdad.
El supuesto básico de la estética de la información es que existen rasgos generales y objetivos que caracterizan a un objeto como objeto estético;
bajo este supuesto el problema de los indiscernibles no sería un problema.
El segundo supuesto en el que se basa la estética de la información es que el estado estético del objeto (o del proceso) transmite un tipo de información particular;
la información estética es contingente con la realidad física del objeto, a la que trasciende.
La realidad estética es una co-realidad, un modo de realidad que viene con los aspectos materiales del objeto (o proceso).

El objeto estético depende de un repertorio de signos elementales dispuestos como un supersigno complejo (todo).
Sus signos elementales (partes) constituyen el nivel sobre el que se mide la información estadística en el sentido de Shannon.

Frieder Nake es matemático, informático y artista.

En la década de 1930, Birkhoff estudió una serie de artefactos, como los polígonos planos o los jarrones simétricos a la rotación, por sus méritos estéticos.
Su enfoque general para definir una medida estética objetiva consistía en tomar el grado de orden O en relación con el grado de complejidad C de un objeto.
La medida estética, según Birkhoff, viene dada por:

$$M = \frac{O}{C}.$$

La medida objetiva de Birkhoff sobre el objeto no dice nada sobre el juicio subjetivo de un sujeto.

Helmar Frank y más tarde Rul Gunzenhäuser interpretaron la fórmula de Birkhoff del orden en la complejidad, transformándola en términos de la teoría de la información:
La más simple de las dos, puramente objetiva, fue la fórmula de Gunzenhäuser, que equipara la complejidad C con la información estadística media H y el orden O con la llamada redundancia relativa del código R; tal que:

$$\begin{aligned} R &= (H_{max} - H)/H_{max}. \\ &= 1 - \frac{H}{H_{max}} \end{aligned}$$

siendo $\frac{H}{H_{max}}$ la entropía relativa.
El contenido de información es máximo (H_{max}) cuando todas las probabilidades son iguales.

La medida estética se define entonces como:

$$M = \frac{R}{H} = (\frac{1}{H} - \frac{1}{H_{max}}).$$

George David Birkhoff fue matemático.
Helmar Gunter Frank fue matemático, pedagogo y esperantista.
Rul Gunzenhäuser fue matemático, físico y filósofo.

Moles sí consideró el juicio subjetivo de un sujeto;
el juicio de valor está fuera de la estética científica;
depende de la situación, el contexto o la historia y, por lo tanto, del sujeto.
La medida de la información es una cuestión de ciencia.
Medida y valor no son lo mismo.

Nake dijo:
La medida de información de Shannon se basa en la estadística.
Es una micromedida.
La Gestalt, la forma, la simetría, la vecindad y otros aspectos similares no le son conocidos.
Por lo tanto, la microestética solo podría ganar algo.
Pero en el nivel elemental, M simplemente no tiene sentido: el orden O no existe aquí.

Birkhoff, Frank, Gunzenhäuser, etc., redujeron la obra a una instancia o representante de una clase de objetos;
cometieron un error de tipificación lógica confundiendo miembro y clase.

Claude Shannon nunca recibió un Nobel.
Bob Dylan sí; ganó un Nobel de Literatura.

Cada clase se caracteriza por la distribución de probabilidad según la cual los signos elementales deben seleccionarse de un repertorio finito.
Las obras que los investigadores estudiaron eran en realidad distribuciones de probabilidad.

Gestalt significa todo unificado.
La teoría de la Gestalt se basa en la siguiente idea:
cuando la gente percibe objetos complejos (todos), compuestos por muchos elementos (partes), aplica métodos conscientes o subconscientes de ordenamiento de las partes en un sistema organizado como un todo en lugar de justamente un conjunto de objetos simples.

El cerebro tiene tendencias autoorganizativas.
La percepción, es un proceso de fusión-fisión perceptual continuo.

Se identifica el todo antes que las partes; lo que se asocia con el principio de emergencia: la formación de patrones complejos a partir de reglas simples.
El cerebro rellena los vacíos, la ausencia.

La reificación es un concepto según el cual el objeto percibido contiene más información espacial que la que realmente contiene. El cerebro tiene tendencia a la percepción alternativa. La estabilidad múltiple es una tendencia de experiencias perceptivas ambiguas en la cual algunos objetos se pueden percibir en más de una forma.

Solo se puede ver un objeto a la vez, pero es posible saltar de una percepción a otra.

La invariancia es una propiedad de la percepción en la cual los objetos simples son reconocidos con independencia de cambios geométricos: rotación, traslación y escala.

von Schelling dijo que cada ser posee su propio tiempo interno y criticó una concepción objetivista de la temporalidad.
McTaggart trató de demostrar que la percepción del tiempo es una ilusión y que el mismo tiempo es meramente una abstracción sin existencia real.
Einstein dijo que el tiempo es una ilusión, una persistente ilusión.
Friedrich Wilhelm Joseph von Schelling y John McTaggart Ellis McTaggart fueron filósofos.

En el cerebro aparecen patrones cerebrales que trascienden la cultura y el lenguaje: un código universal tras la narrativa.
La memoria es una colección de patrones cerebrales.
En el acto de contemplación objeto-sujeto, aquí-ahora, se produce un contraste entre los patrones cerebrales archivados y los adquiridos.
Los sesgos cognitivos son atajos mentales que que permiten tomar decisiones de forma más rápida (pensar rápido).
La redundancia de la información depende no solo de su entropía sino de la entropía en relación con los patrones adquiridos; de la probabilidad de pertenencia al archivo.

McCulloch y Pitts publicaron el primer modelo de neurona en su artículo de 1943: *A Logical Calculus of Ideas Immanent in Nervous Activity*; Ambos investigaban si el sistema nervioso podía ser considerado una máquina universal de Turing.
Warren Sturgis McCulloch fue neurólogo.
Walter Pitts fue lógico.

Cada sujeto dispone de determinado archivo simbólico que debe contrastar con el sistema simbólico que percibe, identifica e interpreta en el objeto de arte.
La novedad depende de la correspondencia entre ambos; corresponde a tomar decisiones de forma más lenta (pensar despacio).

La sucesión traduce una debilidad de nuestra percepción condenada a detallar el film, imagen por imagen (partes), y no a aprehenderlo globalmente (todo);
El tiempo es memoria de algo que es; en cada presente se actualiza todo el pasado.
El acto de juicio es un proceso de contraste entrópico que posibilita la actualización de determinados patrones cerebrales.

La entropía no es más que un contador de estados o configuraciones.
La probabilidad de un estado en particular depende del número de configuraciones que tiene ese estado.
Los estados más probables son los que tienen más configuraciones posibles.
La configuración más probable corresponde al desorden mientras que la menos probable corresponde al orden.
La entropía matemáticamente se define como el logaritmo del número de configuraciones de un estado.
En cualquier sistema aislado la entropía, el grado de desorden, siempre aumenta.
El estado ordenado solo tiene una configuración, mientras que el estado desordenado es el que más configuraciones tiene.

La neurona de McCulloch-Pitts fue el primer ladrillo del edificio IA.

La configuración más probable corresponde al desorden, la inestabilidad; mientras que la menos probable corresponde al orden, la estabilidad.
El desorden es toque aquello asociado con lo informe, lo impensado, el desequilibrio, la novedad.
Caos es ausencia de forma y también el medio donde tiene lugar la creación de la forma; el motor que impulsa a un sistema a un tipo de orden más complejo.
El orden es todo aquello asociado con la organización, lo establecido, el equilibrio, la rutina;
el motor que impulsa a un sistema a un tipo de orden menos soportable.

Orden y desorden son extremos e inestables;
poca información aburre;
demasiada información aturde.
La novedad necesita de un equilibrio entre orden y desorden, entre lo establecido y lo impensado, entre la asombroso y lo rutinario.

Boris Groy dijo:
"la producción de lo nuevo es la exigencia a la que todo el mundo debe someterse para encontrar en la cultura el reconocimiento al que aspira: en caso contrario, no tiene ningún sentido ocuparse de los asuntos de la cultura [...] lo nuevo es insoslayable, inevitable, irrenunciable.
No hay ningún camino que nos saque de lo nuevo, porque, si lo hubiera, sería un camino nuevo.
No hay posibilidad alguna de romper las reglas de lo nuevo, porque esa ruptura es precisamente lo que esas reglas exigen".

La exigencia de innovación es, si se quiere, la única realidad que resulta expresada en la cultura.

En el movimiento, el tiempo es concebido como una serie de partes distintas y yuxtapuestas que se suceden de manera semejante a una película.
El movimiento introduce ritmo.
Solo podemos imaginar un movimiento desde el pasado hasta llegar al 'eterno presente'.
Para reconstruir la movilidad es necesario el movimiento de la máquina (energía).

Primera tesis de Bergson:
El espacio recorrido es pasado, el movimiento es presente, es el acto de recorrer.

Segunda tesis de Bergson:
La aproximación ilusoria a la naturaleza del movimiento se manifiesta de dos formas: una antigua y otra moderna.
Para el mundo antiguo, el movimiento se define como el paso de una forma a otra, el cambio de potencia a acto, proceso en el cual se privilegia absolutamente el fin, la parada (el telos).
El movimiento estaría, entonces, entre dos formas (instantes privilegiados).
En los modernos ya no se busca un instante privilegiado (eidos como telos);
por el contrario, se reconstruye el movimiento a partir de la consideración de instantes cualesquiera.
El movimiento queda liberado de la tiranía de la forma.

Tercera tesis de Bergson:
El instante es un corte inmóvil del movimiento, el movimiento es un corte móvil de la duración, es decir, del Todo, o de un todo.
El movimiento expresa algo más profundo: el cambio en la duración o en el todo.
El movimiento es 'transformación'y no ya 'traslación'.

El movimiento ilusorio puede ser definido como traslación cuantitativa de partes en el espacio; el movimiento real, como cambio cualitativo en la duración del todo.

La realidad, como paisaje, tiene infinitos puntos de vista.
Todo es relativo.
La 'verdad' depende de la perspectiva.
No puede haber un espacio y un tiempo absoluto porque, simplemente, no hay una perspectiva absoluta.
Todo se mueve.
Todo se mueve respecto a todo.

Edwin Abbott Abbott escribió en 1884 la novela *Planilandia: Una novela de muchas dimensiones*.
El narrador, un humilde cuadrado habitante del mundo bidimensional Planilandia, tiene un sueño en el cual visita un mundo unidimensional (Linealandia) en el que intenta en vano convencer al rey de Linealandia acerca de la existencia de una segunda dimensión;
es imposible: la segunda dimensión no puede ser entendida por los habitantes de Linealandia.

Después, Cuadrado recibe la visita de una esfera tridimensional, de la cual no puede comprender su existencia hasta ver la tercera dimensión por sí mismo.
Por último, tiene un sueño donde visita Puntilandia, la cual está compuesta de un solo punto con consciencia de su existencia (que ocupa todo y no sabe de nada aparte de sí mismo).

Los datos físicos demuestran que los objetos son simplificaciones de lo que llamamos: entorno.
La manera de observar y elegir lo que se quiere examinar cambia las propiedades de lo que observado en el entorno;
algo particularmente estrafalario en el mundo pequeño: el descabellado y extraño mundo de las partículas cuánticas y de sus reacciones.

Cuadrado dice a Punto: Silencio, silencio, detestable criatura. Te auto defines como el Todo en Todo, pero no eres Nada.

La relación del arte con el espacio-tiempo es indisoluble; ya sea como objeto de representación o reflexión, o como objeto de presentación o medio de expresión o experiencial.
El espacio-tiempo es una propiedad de la irrealidad en todos sus niveles.
El tiempo subjetivo 'dura' en paralelo al transcurso del tiempo real. El espacio proporciona lugar, ámbito de cualidades intangibles, basadas en la experiencia.
La transformación espacio-lugar involucra experiencias emocionales, significado, intencionalidad.
El ciberespacio es un espacio virtual superpuesto al real.
Las propiedades del espacio-tiempo (gravedad, dimensión, escala, etc.) en la virtualidad son infinitas y libres de sus homólogas de la realidad.

Para Joseph Margolis, a partir de Protágoras mismo:

a. el hombre es la medida de la realidad, del saber y de la verdad;
b. no existe ninguna realidad invariable e independiente que el hombre pueda decir que lo es o que él sabe que concuerda con la afirmación de a);
c. la conjunción de a) y b) es coherente, no es autocontradictoria ni contraproducente;
d. los juicios acerca de lo que es verdad y lo que es falso, dentro del espacio de a), prohiben cualquier disyuntiva entre el saber, el conocimiento, la ciencia, (episteme) y la opinión o creencia (doxa).

La verdad no es adecuación, la verdad es verificación, corroboración.
Marina dijo:
En las lenguas semíticas verdad significaba 'aquello sobre lo que puedo construir'.
Un axioma es verdad.

Según su web, José Antonio Marina es filósofo y escritor. Según la Wikepedia, José Antonio Marina es filósofo, ensayista y pedagogo.

Sofía significa conocimiento. Los profesores y filósofos errantes se llamaban a sí mismo sofistas. Sofista significa persona sabia o hábil.

Gadamer dijo:
El juego es una función elemental de la vida humana, hasta el punto de que no se puede pensar en absoluto la cultura humana sin un componente lúdico.
Hans-Georg Gadamer fue filósofo.

Groys dijo:
los sofistas son productores de verdades a diferencia de los filósofos que son consumidores de verdades en el 'mercado de las verdades'.

Los medios tecnológicos funcionan como extensiones del hombre.
El hombre, en la edad mecánica, extendió su cuerpo en la realidad hacia lo cósmico y lo microscópico.
El hombre, en la edad eléctrica, se extiende hacia la virtualidad, hacia una realidad 'superada'.
Lo virtual tiene existencia aparente y no real, es lo ausente, lo desaparecido, lo desplazado, lo abstracto.
Lo virtual puede ser incluso irreal.

Umberto Eco dijo:
El 'todo verdadero' se identifica con el 'todo falso'.
La irrealidad absoluta se ofrece como presencia real.
Una vez admitido el todo falso, es preciso, para gozarlo, que todo parezca verdadero.
La técnica puede reconstruir un mundo de fantasía más verdadero que el real.
La realidad será siempre inferior.

La hiperrealidad parte del hecho de que la realidad no es única sino el conjunto de realidades inmanentes paralelas que conforman una ilusión.

Eugenio d'Ors dijo:
El arte contemporáneo es un aprendizaje, o una farsa.
d'Ors fue escritor, ensayista, periodista, dibujante, filósofo y crítico de arte.

En la cultura contemporánea la corriente continua de imágenes concebidas para manipular al consumidor es tal que ha terminado por generar una sociedad que ya no es capaz de distinguir entre realidad y ficción, entre lo verdadero y lo falso.

El homo híbrida la medida de todas las cosas;
en cualquiera de sus instancias (*homo*, *cyborg*, *avatar*, *bot*), 'vive' la experiencia a través de la realidad tecnológica.
Baudrillard dijo:
vivimos en una época de "disuasión de lo real mediante lo virtual";
donde, si todo es posible, entonces, nada es real.

Lo real existe por sí mismo, es verdadero, concreto u objetivo (cuerpos, objetos, energía, el espacio-tiempo, etc.), es significante.
Lo no-real es imaginario, es falso, subjetivo (dragones, fantasmas, sirenas, unicornios, etc.), es significado.
Lo virtual pone en crisis la frontera realidad/no-realidad;
es posible separar entre lo real y lo no-real, pero los límites de separación entre ambos son cada vez más difusos.
Esta borrosidad es un lugar fértil para la ilusión y el simulacro.

Jean Baudrillard fue filósofo y sociólogo.

La realidad será inferior a la virtualidad.
La virtualidad será más verdadera.
Certeau dijo:
La fabricación de simulacros proporciona el medio para producir creyentes y por tanto practicantes.

Según la Wikipedia:
Michel de Certeau fue sociólogo, historiador, teólogo, semiólogo y filósofo.

La realidad corresponde al todo (1, lo presencial), la virtualidad a la nada (0, lo ausencial).
Lo aún no realizado, lo posible, lo abstracto, lo representado, lo experimentado, lo que no está realmente presente, comparten un rasgo ausencial, un aspecto esencial ausente.
Sin el agujero del centro de la rueda, sin el vacío del recipiente, sin las puertas y ventanas en los muros, no es posible el propósito: rodar, llenar, acceder.
En la nada está la lógica de la orientación a un fin, de la teleología.

Si se definiera la irrealidad en una escala de grises del 0 al 1:

a. virtualidad = 0;
b. 0 < virtualidad aumentada < 0,5
c. 0,5 < realidad aumentada < 1
d. realidad = 1

La interacción se da entre el espectador y la realidad.
La inmersión se da entre el espectador y la virtualidad.
El contexto puede ser más o menos real, más o menos virtual, en dependencia del grado de 'aumentación'.
La realidad mixta o realidad híbrida corresponde a ese espacio de irrealidad aumentada.

Aaron es un programa de inteligencia artificial creado por el artista Harold Cohen para dibujar.
Aaron, técnicamente, no es artista.

¿Cuáles son los ingredientes básicos que permiten que una serie de marcas sobre el lienzo o un papel funcione como una imagen, en vez de garabatos hechos al azar?;
se preguntó Cohen.
¿Dónde reside la 'coseidad', el sentido de cosa, la estructura?

Aaron empezó pintando simples garabatos en blanco y negro y fue 'aprendiendo' hasta llegar a imágenes figurativas en color; pese a ser codificado enteramente por Cohen, Cohen nunca sabe qué pintará Aaron a continuación.

Otros tipos de programas se basan en reglas muy simples como copiar, transformar y combinar y errar;
la obra generada ni siquiera es material, solo consta de 1s y 0s organizados y almacenados en un archivo listo para visualizar, proyectar e imprimir.

Descartes dijo:
Divide [el todo] en tantas partes como sea posible para su mejor solución.
A esta idea se le conoce como teoría mecanicista.
El postulado más importante de la Gestalt es:
el todo es más que la suma de las partes.

Taleb dijo:
Es difícil saber cómo funcionan las cosas mirando las partes sueltas.

René Descartes fue filósofo, matemático y físico.
Jackson Pollock nunca supo qué era un fractal.
Benoît Mandelbrot los descubrió muchos años después de que Pollock estrellara su automóvil contra un árbol.

Las interacciones entre las unidades tienen un papel mucho más importante que las propias unidades y las asociaciones causales simples confunden.

El mecanismo de la creatividad es simple: copia, transformación, combinación, error;
similar al bricolaje evolutivo según el cual la evolución utiliza lo que está disponible, lo alarga, lo modifica, lo corta y reproduce algo nuevo sin intención.

La información necesita cierta materialidad.
Todos los soportes mediales están envueltos en la praxis submedial a través de la cual son proyectados, producidos, instalados y aplicados.
El arte es el software. El hardware es soporte medial.

La praxis medial –como praxis– no funciona sin lenguaje.
El mensaje del medio permanece mudo cuando se lo busca exclusivamente en el plano de los soportes mediales materiales.
Groys dijo:
Si lo único que se muestra en la imagen es la constitución material de esa imagen, lo que vemos es solo una mueca del querer decir.
Las obras de arte no son ante todo mercancías, sino muecas del querer decir, que causan una impresión obscena hasta que se les presta el lenguaje.

Congo fue un chimpancé que enamoró a Picasso.
La Mayor Gallery de Londres subastó 55 cuadros de Congo a un precio de hasta 200.000 libras esterlinas, alrededor de 225.000 euros.
Congo fue artista abstracto.

El artista no siempre tiene algo que decir.
El artista no solo consiguió el fin del arte, sino su propio fin.

La *Fontaine* pretendió ser nada más que una provocación. La broma se convirtió en la obra de arte más influyente de todo el siglo XX; entre otras cosas, no por lo que dice, sino por todo lo que insinúa.

Eugenio Garbuno relacionó la concepción de la realidad como imagen con la desaparición del símbolo a través de lo que denominó 'estética del vacío'. Garbuno dijo:
"La estética del vacío es la que predomina en el arte contemporáneo, tomando la apariencia de lo real, su superficie, en donde se produce la desaparición del símbolo y toda su dimensión de profundidad de significado e interpretativa.
Allí donde había símbolo (el arte, la realidad...) solo ha quedado el signo".
Eugenio Garbuno es artista e historiador del arte.

El término 'medio' proviene del inglés *media*;
aunque su significado admite múltiples interpretaciones; es posible de entender como el soporte que hace posible la mediación de señales, signos y memes, entre un emisor y receptor.
Las 'señales' son substratos físicos del mundo de los objetos.
Los 'signos' son substratos fenoménicos de la conciencia.
Los 'memes' son sustratos fenotípicos de la cultura.

Los signos son unidades de representación.
La irrealidad se presenta siempre mediada por un sistema de signos.

Los soportes de los signos (libros en una biblioteca, lienzos en una galería, aparatos de vídeo y ordenadores en una instalación audiovisual) ocupan el espacio del archivo pero son las imágenes (no los libros sino los textos, no los lienzos sino las pinturas, no los aparatos de vídeo sino las imágenes en movimiento) los que forman el archivo.

Groys dijo:
Los soportes de signos del archivo no pertenecen al mismo, pues permanecen ocultos tras la superficie mediática de los signos que esos soportes ofrecen al observador del archivo.
El soporte de signos no pertenece al archivo porque 'porta' los signos del archivo, pero él mismo no es, en absoluto, un signo del archivo.
Se CR los signos.
Se CR el soporte de los signos en cuanto materialidad necesaria para la epifanía de los signos.

Es tal la confusión que veces se entiende el propio signo (mensaje) como medio a la vez que como una relación triádica o semiósica o el medio como signo: 'el medio es el mensaje';

Groys dijo:
el medio porta el signo y "hace al mismo tiempo y paralelamente su propia declaración" inintencionada, un mensaje tras el mensaje.

La teoría de la información revela un paralelismo con la definición de la estructura del mensaje formulada por la semiótica: un emisor envía un mensaje al receptor, para el cual emplea un código y un canal (medio) de comunicación.

El emisor es un sujeto [artista] que produce y envía un mensaje a través de un objeto de arte.
El receptor es un sujeto [interpretante] que interactúa con el objeto en determinado contexto.
El medio es el objeto de arte;
el contorno del medio es la superficie mediática,
el entorno es el contexto,
el dintorno es el soporte.

El término 'medio' suele designar, generalmente, tanto la superficie mediática [imagen] como el espacio submediático que la sostiene [soporte], de forma que las fronteras de este espacio resultan vagas, puesto que, según sea la convicción ideológica, la imagen pictórica es expuesta en tanto sustentada por el lienzo, por la institución arte, por la sociedad burguesa, por la inspiración divina, el genio artístico o determinadas partículas elementales y centros neuronales determinados.
Sin embargo, cuando se usa el término 'medio' en oposición a 'signo', normalmente se está indicando el soporte mediático, o el espacio submediático tras la capa de signos que cubre la superficie mediática. Esta 'confusión' produce sendos problemas teóricos-prácticos de CR.

La interpretación solo es posible (comprensión del mensaje) si el código entre emisor (artista) y receptor (interpretante) es común y el ruido introducido por el contexto es despreciable.

Según la publicación en Nature, *Fractal analysis of Pollock's drip paintings*, la dimensión fractal de los primeros *drippings* de Pollock oscila en torno a 1, 1; mientras que los últimos alcanzaron la dimensión fractal 1, 7.
La dimensión de los *drippings* es mayor que 1 y menor que 2.

Morris distingue tres tipos de dimensiones (grado de libertad de uso):

a. sintáctica: signos en relación a signos
b. semántica: signos en relación a objetos
c. pragmática: signos con relación al interpretante

Charles William Morris fue filósofo y semiótico.

Giannetti dijo:
la estética racional valora el objeto artístico como un sistema de signos que transporta informaciones estéticas formalizables.
Claudia Giannetti es teórica, escritora y curadora de arte.

El interpretante está obligado a interactuar con la obra en determinado contexto y construir un significado.
Sin interpretante la obra de arte no existe.
Sin sujeto, el objeto no existe.

Bourriaud dijo:
En el arte actual 'el que mira' debe trabajar para producir el sentido a partir de objetos cada vez más livianos, imposibles de delimitar, volátiles.
Los códigos del cuadro presentaban un límite y un formato; hoy tenemos que contentarnos generalmente con fragmentos.
No sentir nada es no trabajar lo suficiente.

Sentir algo quizá es demasiada exigencia.
Los códigos del no-cuadro son ilimitados, sin formato; solo partes de un todo insinuante y esquivo descontextualizado.

El artista Mark Rothko dijo:
Un cuadro toma vida ante la presencia de un espectador sensible, en cuya conciencia se desarrolla y crece.

Watzlawick dijo:
Toda percepción y todo pensamiento son relativos y operan por comparación y contraste.
Paul Watzlawick fue teórico, filósofo y psicólogo.

Al interpretante llega un mensaje producido por un significante al cual debe otorgar significado.
La cognición cierra el proceso de comunicación.
La sensación está subordinada a las cualidades, procesos y limitaciones del sistema sensorial.
La percepción está subordinada a los principios gestálticos de organización.

Existe un gran debate filosófico en torno a la correspondencia entre la realidad (la cosa-en-sí) y la realidad percibida (la cosa-para-sí).
Para el racionalismo, la realidad percibida no es la realidad sino una imagen distorsionada de la realidad.
El conocimiento de la verdad es confiado a la 'razón'.
Para el empirismo, la realidad percibida es la auténtica realidad.
El conocimiento de la verdad es confiado a la 'experiencia'.

Kant concilió de alguna manera estas posiciones enfrentadas, razón/experiencia.
Para Kant tanto la experiencia como la razón juegan un papel importante en la percepción de la realidad.
Inmanuel Kant fue filósofo.

Rothko dijo:
No importa lo que un pintor pinta mientras esté bien pintado.

La percepción es activa.

Fechner estudió la relación entre la variación de una magnitud física (objetiva en el mundo material) y la variación en la intensidad o la cualidad de la experiencia subjetiva (subjetiva en la mente del interpretante).
La función que relaciona lo subjetivo de lo objetivo es logarítmica;
Si un estímulo s crece en la escala física en progresión geométrica la percepción p crece en la escala psicológica en progresión aritmética.
La ley de Fechner dice:

$$p = k \ln s$$

k es una constante; ln es la función de logaritmo natural o neperiano con base e.

El número de Euler e es un número infinito mayor que 2 y menor que 3 (en rigor un número irracional y trascendente).
Cuando una cosa aumenta de manera exponencial, su ritmo de cambio es proporcional a ese algo a lo que se eleva.
Si ese algo no crece mucho, la exponencial tampoco; pero si lo hace, la exponencial lo hará en proporción.
e es un número difícil de definir que relaciona la progresión aritmética con la progresión geométrica.
Gracias al número e de Euler y al logaritmo (ln) de Napier, que es el inverso de e, es posible convertir potencias y raíces en multiplicaciones y divisiones y multiplicaciones y divisiones en sumas y restas.

La dimensión fractal d del copo de nieve de Koch se define según el número de reducciones n a escala $1 : r$, como:
$d = \log_r n$.

Fórmula para obtener e:

$$e = \lim_{n \to \infty} \left(1 + \frac{1}{n}\right)^n$$

Para $n = 100000$, $e = 2{,}718268237192297$.

Gustav Theodor Fechner fue psicólogo.
Leonhard Euler y John Napier fueron matemáticos.

En mayo de 2015 el Museo del Prado inició un plan de sustitución de 2.500 lámparas en todo el museo para reducir en un 73 % el consumo eléctrico anual.
El cambio de las primeras 600 lámparas halógenas por lámparas led produjo un cambio de orden.
El cambio del tono amarillento que producían las lámparas halógenas 'antiguas' por el tono más natural de las lámparas led 'nuevas' provocó un 'redescubrimiento' de las obras expuestas.
El diario El Mundo publicó:
Verdaderamente cambia el placer contemplativo. Ahora se observa la variedad cromática. La 'nueva' luz conserva la composición original de la pieza, no emite rayos ultravioletas, ni rayos infrarrojos (lo cual es bueno para su conservación); sin embargo altera la sensación y percepción que hemos tenido hasta ahora de las obras.
Miguel Falomir, director adjunto de conservación e investigación del Museo del Prado, dijo:
el contexto 'antiguo' al que nos tenían acostumbrados no era correcto.

"Con la iluminación halógena, los segundos planos pierden nitidez; ahora se gana mucho en la apreciación de las obras. Además, la luz halógena había que ponerla con poca intensidad para que no dañara las pinturas, lo que hacía que resultara una luz amarillenta. Con la nueva iluminación los colores son más potentes, más nítidos y más diáfanos".

El contexto importa y condiciona la percepción.
Con el tiempo parecerá que siempre fue así como se percibieron los cuadros de Goya.
Con esta tecnología es posible 'ver' con 'mucha más claridad' los claroscuros y las tonalidades que Goya eligió.
Con la tecnología anterior se percibió lo que no era.
Ahora no todo es negro.
Ahora existe un colorido muy variado, con tonalidades claras que emergen en toda su riqueza.

El contexto es tan importante que en pleno recinto de Art Basel Miami Beach, la principal feria de arte contemporáneo de América, una mujer apuñaló a otra en 2015 sin que nadie se alarmara.
Muchos de los asistentes pensaron que se trataba de un performance;
incluso el cordón policial que se instaló en la zona del incidente pareció un montaje artístico.
La sangre parecía falsa pero era real.
Lo que parecía uno de los últimos coletazos del simulacro posmoderno fue en realidad un intento de asesinato en una realidad exterminada.

El artista Gustave Courbet dijo:
La obra se hizo visible al conocimiento.

El medio, según McLuhan, es una extensión del hombre y, de hecho, es el mensaje.
Su razonamiento va dirigido a cómo un medio influye en la percepción y el comportamiento, con independencia de los mensajes que transmitan;
pero este argumento le lleva más allá.
Para McLuhan el contenido de todo medio es otro medio; así hasta llegar al último medio que, según McLuhan, es aquel que simula el comportamiento del cerebro humano.

Jiménez dijo que:
el Círculo de Praga, en su tesis de las funciones de la lengua de 1929, estableció una división entre la función comunicativa y poética del lenguaje.
La función comunicativa va dirigida hacia el significado mientras que la función poética va dirigida hacia el signo mismo.
Según la finalidad, la semiótica distingue entre la función comunicativa y la función representativa de los signos estéticos.
La irradiación de significados de los signos estéticos en su función representativa es ilimitada.
Las estructuras sintácticas y semánticas de los signos estéticos no son comunes, como ocurre en la función comunicativa, sino tan solo están relacionadas, abierta y flexiblemente, con las diversas tradiciones estéticas en cuya cadena se insertan.
Gozan de mayor autonomía.

Según la Wikipedia:
José Jiménez Jiménez es profesor de estética y ensayista en los ámbitos de la filosofía y la historia del arte.

Harry Pross dijo que los medios pueden ser:

a. primarios (medios propios). Ligados al cuerpo humano: narrador, teatro, danza, declamación, etc.
b. secundarios (máquinas). El productor de contenidos ecesita técnicas (tecnologías) para producir información. El consumidor de la información (receptor) no necesita ningún dispositivo para descodificar la información: periódico, revista (prensa escrita), literatura, etc.
c. ternarios (medios electrónicos). Se necesita el empleo de técnicas (tecnologías) tanto del lado del productor como del lado del consumidor de contenidos: telegrafía, televisión, discos de música, radio, cine, vídeo, etc.

Manfred Faßler añadió una nueva categoría:

d. cuaternarios (medios digitales): Permiten tanto la comunicación sincrónica como asincrónica (interacción).

Los medios cuaternarios necesitan, al igual que los medios ternarios, el empleo de técnicas (tecnologías) del lado del productor y del consumidor de contenidos.
La distinción de estos últimos (productor y consumidor) tiende a diluirse en el término 'prosumidor', así como el tiempo y la distancia.

Los medios cuaternarios o medios digitales son parte de los nuevos medios de comunicación y permiten la comunicación máquina-a-máquina (M2M): vídeo–juego, DVD, PC, Internet, instalación multimedia, telefonía móvil, etc.

Harry Pross fue periodista.
Manfred Faßler fue antropólogo.

Alfred Korzybski dijo:
el mapa no es el territorio.

Bateson dijo:
El puente entre el mapa y el territorio es la diferencia.
Son solamente las nociones de diferencia las que pueden llegar del territorio al mapa y este hecho es la afirmación epistemológica básica sobre la relación entre toda la realidad allí fuera y toda la percepción aquí dentro.

Daniel Tubau dijo:
La experiencia supone un proceso de discretización de la información de la realidad;
se trata de un 'pensamiento digital'.

Alfred Korzybski fue científico y filósofo.
Gregory Bateson fue biólogo, antropólogo, científico social, lingüista y cibernético.
Daniel Tubau es filósofo, guionista, director de televisión y periodista.

Es posible establecer correspondencias entre sistemas o partes, entre causas y efectos y, en general, entre cualquier par de cosas.
Distinguir relaciones de correspondencia precisas e ignorar espurias es un proceso de distinción entre señal y ruido.
Confundir mapa con territorio es confundir objeto con representación de objeto.

El artista David Hockney dijo:
No es necesario creer en lo que dice un artista, sino en lo que hace.

La reducción de errores de representación, identificación o interpretación implica la verificación de las relaciones de correspondencia de las proposiciones de partida y la anteposición de la desconfianza y la duda en las reacciones de identificación.

Cualquier deducción sobre premisas incorrectas será incorrecta.

El lenguaje es un sistema de conceptos abstractos; tales conceptos pueden provocar la confusión entre lo objetivo y lo subjetivo;

pueden implicar certeza y objetividad cuando quizá solo expresen una opinión subjetiva.

Las palabras simplemente pueden dificultar la distinción entre lo real y lo falso.

¿Cómo el lenguaje modifica las percepciones?;

fue la mayor preocupación de Korzybski.

¿Cómo modifica el observador lo observado y cómo lo observado modifica al observador?

La palabra barco no cambia, pero un barco sí lo hace: se destruye si nos olvidamos de él.

No existe un mapa de interrelación; se trata de un proceso activo, siempre en progreso, inacabado.

Deleuze dijo:

"el acto de mapear [cartografiar] es un método de experimentar con lo real".

El 'mapeo' es una cuestión de componer relaciones materiales –un ejercicio poético, rizomático.

Lo virtual y lo real son ambos irreales; pertenecen a la irrealidad.

Lo virtual no está en el objeto, sino que es puesto allí por el sujeto.
La cosa-en-sí es solo representación:
mapa que no es territorio; sino mapa construido.

La realidad 'es' profana.
La irrealidad 'es' cultural.
Muchos filósofos (y esto es algo que surge continuamente) distinguen lo uno de lo otro, como lo físico de lo metafísico.

La irrealidad es ese mundo donde nada es lo que parece.

Hermann Hesse dijo:
"No hay más realidad que la tenemos dentro. Por eso la mayoría de los seres humanos viven tan irrealmente, porque creen que las imágenes exteriores son realidad y no permiten a su mundo interior manifestarse".

Mark Twain dijo:
No seamos como el gato que se sienta sobre la estufa caliente. Nunca volverá a sentarse sobre una estufa caliente (y eso está bien); pero tampoco volverá a sentarse sobre una fría.

Hermann Hesse fue pintor y novelista.
Samuel Langhorne Clemens, más conocido por su seudónimo Mark Twain, fue escritor, orador y humorista.

Las ciencias 'duras' utilizan un lenguaje especial, restrictivo, formal;
semejante a la de los hechos que trata y produce resultados empíricos predecibles.

Las ciencias 'blandas' levantan estructuras inestables con lenguajes cuya estructura no es semejante a los hechos de la ciencia y de la vida tal como la conocemos hoy en día;
esto puede provocar confusión entre lo objetivo y lo subjetivo;
pueden implicar certeza y objetividad cuando quizá solo expresen una opinión subjetiva;
pueden, en definitiva, dificultar la distinción entre lo verdadero y lo falso.

La identificación exige una asignación previa, un nombramiento a una existencia.
La ontología es el área de la metafísica que se ocupa de la existencia.
No es posible la identificación de particulares sin descripciones;
a su vez, cada particular alberga parte de la descripción.

El diagrama diferencial semántico de Korzybski, y precisamente la confusión del nivel del acontecimiento y el nivel del objeto en la identificación, resulta de gran utilidad para discursar acerca de la identidad:
uno de los pilares de la CR.

En el nivel del acontecimiento, los símbolos actúan como clase.
En el nivel del objeto, los símbolos actúan como ejemplares o casos;
sería equivalente hablar de tipos y especímenes.

Goethe dijo:
Si yo pinto a mi perro exactamente como es, naturalmente tendré dos perros, pero no una obra de arte.

Es posible hablar de símbolos de casos, clases de símbolos, clases de clases, etc.;
en una gradación desde las estructuras más simples a las estructuras más complejas.

Un prototipo es un caso que puede servir como ejemplo genérico de una clase.

Hofstadter dijo:
en cada hecho específico [caso] existe el germen de una clase completa de hechos similares.
Esta idea de generalidad en lo específico tiene alcances muy importantes.
Los símbolos de casos pertenecen a una clase porque heredan muchos atributos, funciones, axiomas, relaciones, etc., de las clases a la que pertenecen los casos.
Un caso puede pertenecer a diversas clases.
La confusión entre caso y clase conduce a un error de tipificación lógica.
Douglas R. Hofstadter es científico, filósofo y académico.

Una obra de arte [objeto, caso, ejemplar] es un sistema de símbolos [una totalidad atributiva] que corresponde a un estilo o clase del autor, que a su vez corresponde a alguna corriente o clase de clases [totalidad distributiva] y así sucesivamente hasta pertenecer a la superclase arte.
El arte a su vez es parte de la cultura, etc.

Aristóteles dijo:
La finalidad del arte es dar cuerpo a la esencia secreta de las cosas, no el copiar su apariencia.

La deducción es el proceso de convertir clases en casos; establece conclusiones necesarias a partir de las premisas.
La inducción es el proceso de convertir casos en clases; establece conclusiones probables a partir de las premisas.
La confusión entre deducción e inducción puede llevar hacer declaraciones generalizadas erróneas como es el caso de los silogismos.

Hofstadter también dijo:
la identidad de un símbolo se funda precisamente en su forma de conectarse con el resto de los símbolos;
y no en el símbolo en sí.
Los vínculos de desencadenamiento potencial de los símbolos crean diferentes sistemas simbólicos en cuanto permiten diferentes interrelaciones de los mismos símbolos (partes del sistema). El ruido aquí está dado por la confusión y ofuscación de las interrelaciones simbólicas.

Vermeer es célebre por su cuadro *La joven de la perla*; famoso por los secretos ocultos bajo la pátina de su técnica.
Will Gompertz dijo:
Hasta 1994, todos esos secretos estuvieron ocultos bajo un horrendo barniz amarillo que algún bienintencionado pero poco hábil restaurador de arte había aplicado en la década de 1960.
Por suerte no a la obra maestra de Vermeer, que tras una nueva restauración ha recuperado una condición cercana a la original.

Oscar Wilde dijo:
Ningún gran artista ve las cosas como son en realidad; si lo hiciera, dejaría de ser artista.

Durante el proceso de restauración de *La joven de la perla* primero se eliminó el descolorido barniz ocre que la cubría y después rodales de pintura negra añadidos mucho después de la muerte del artista. La limpieza de la joven a finales del siglo XX, "devolvió a la brillante paleta del artista su fulgor y reapareció entre las tinieblas una resplandeciente luz. Había algo, no obstante, que no estaba del todo bien: aparecía en la parte inferior del pendiente de la joven un reflejo demasiado obvio, en cierto modo gratuito para Vermeer. Los conservadores analizaron el cuadro con rayos X, estudiaron el área con una lente de aumento y lograron por fin identificar el problema. Vermeer, el más refinado de los artistas, no era el responsable de aquel grueso efecto en el pendiente de la joven: era una gota de pintura caída desde otra parte del lienzo y descolorida por algún producto aplicado durante una restauración anterior. Los técnicos retiraron cautelosamente esa gota de pintura sobrante y dieron un paso atrás para valorar el trabajo. Con toda seguridad, quedaron fascinados con lo que vieron. No necesariamente por el trabajo de restauración hecho sino por lo que se veía una vez retirado ese trocito de pintura. El punto de entrada al cuadro había cambiado, alterándose toda la lectura del mismo.

La importancia del pequeño detalle, el *punctum*, su relación con el resto, es vital para la lectura de la obra.
La pátina y los añadidos de pintura negra habían distorsionado la imagen que creó el artista durante años;
la alteración de la interrelación de los símbolos había dado lugar a otro sistema simbólico.

Roland Barthes denominó *punctum* al elemento visual que provoca un salto del discurso denotativo al connotativo, del significante al significado.
El *punctum* activa la proyección de significados del receptor en la imagen.
Roland Barthes fue crítico, teórico literario, semiólogo y filósofo.

Gompertz dijo:
En la comisura del labio de la joven aparece un casi imperceptible punto de pintura rosada. Es apenas una cabeza de alfiler, suficiente, no obstante, para atraer la mirada hacia la boca que se entreabre sugerentemente. De repente, esos ojos ingenuos ya no lo parecen tanto, el pendiente de perla gana en elocuencia y la pañoleta azul nos seduce. Lo que antes era una imagen llena de encanto se convierte en un retrato subido de tono. En un instante hemos caído en las redes de la joven. Y solo ha hecho falta una mácula de pintura para hacernos prisioneros.
Ese es el punto de entrada de la magnífica pintura de Vermeer: un pequeño detalle que revela el conjunto. Se hace raro pensar que ese conjunto haya permanecido oculto durante generaciones, obligado como estaba el espectador a entrar por otro punto de entrada, el reflejo del pendiente, que el artista nunca había pretendido poner ahí.

El medio no es solo el mensaje, como propone McLuhan, es el soporte del mensaje.

El escritor Jules Renard dijo:
Nuestra crítica consiste en reprochar a los demás el no tener las cualidades que nosotros creemos tener.

Mickiewicz dijo:
Si efectivamente el medio es el mensaje en el *media art* [arte de los medios], entonces podemos olvidarnos de la conservación y preservación. Nunca podremos ser capaces de conservar perfectamente los medios tecnológicos y, por tanto, el mensaje será alterado continuamente y nunca idéntico al original. Algunos media artistas ven sus obras de esta manera, y por tanto, rechazan su preservación, desean que su pieza 'muera' y esto es parte del mensaje.

Mickiewicz también dijo que:
El valor de autenticidad de una obra de arte no puede ser medido solamente por los componentes materiales que permiten su existencia. El valor y la autenticidad de las obras de *media art* existen en la experiencia que invocan en sus audiencias y eso es lo que debiera ser preservado, entre algunas otras cosas. "La tecnología puede no durar para siempre pero la idea, la teoría o el mensaje, creo que sí".

Ferdinand de Saussure dijo:
lo que permite que los signos funcionen no es precisamente su relación con algo en el mundo (la realidad) sino las diferencias que guardan con otros signos en un sistema (la irrealidad).

Paulina Mickiewicz es filósofa.
Ferdinand de Saussure fue lingüista, semiólogo y filósofo.

La única prueba que sobrevive del urinario original de Duchamp es una fotografía de Alfred Stieglitz.
Lo iluminó con tanto cuidado que en su interior una sombra dibuja el perfil de una Madonna blanca velada.

Para Saussure el 'signo' es una entidad psicológica que une dos planos: significado y significante y produce significación. Los signos tienen su sentido, significan, simplemente en función de sus diferencias con respecto a otros signos.

Saussure fue estructuralista, no le importaba el todo sino las partes mismas y las formas en que podían conectarse.
Las piezas son las unidades del sistema (palabras, fonemas, formas, etc.) y las formas de conectarse son las reglas de su combinación (gramática).
Las unidades se combinan dentro de un sistema gramatical para producir un significado.
Lo que importa no es la naturaleza del elemento (material, formal, etc.), sino su relación diferencial con los demás.
En la concepción dualista de Saussure todo signo es una entidad de dos caras: significante y significado, sometido a un sistema de reglas de interpretación.
Saussure otorga al signo una función comunicativa y, por lo tanto, el significado (a diferencia de la concepción de Peirce) es siempre intencional y artificial.
El primero es el objeto, el referente, mientras que el segundo no es sino un concepto mental (de hecho Saussure consideraba que la semiótica formaba parte de la psicología).

Schönberg dijo:
si es arte, no es para todos, y si es para todos, no es arte.

Arnold Schönberg fue compositor, teórico musical y pintor. Charles Sanders Peirce fue filósofo, lógico y científico.

Schönberg también dijo: ya no hay genios, sólo críticos.

Para Derrida, si las oposiciones y diferencias con las que se construye la identidad de un texto (lo que quiere plantear como verdadero o bueno) no cuentan con términos positivos, entonces la relación es contingente e inherentemente inestable y, de hecho, emplea el término 'différance', una combinación de 'ser distinto de' y 'postergar', 'aplazar' para denotarlo.
'Ser distinto de' es espacial mientras que 'postergar, aplazar' es temporal.
Los signos funcionan bajo esta distinción espacio-temporal respecto de otros signos.
No es posible saber qué significa un signo hasta verlo relacionado con otros signos en un contexto; los significados de los signos nunca serán completos.

Acaso dijo:
Comprender una imagen no consiste en averiguar qué quiso decir el autor, sino en establecer qué quiere decir la imagen para nosotros.

Jacques Derrida fue filósofo.
María Acaso es profesora e investigadora en educación artística.

Dondis generaliza el proceso de correspondencia entre el código del emisor (artista) y el receptor (interpretante) en la 'alfabeticidad'.
"La alfabetidad significa que todos los miembros de un grupo comparten el significado asignado a un cuerpo común".
Donis A. Dondis fue diseñadora.

Damien Hirst utilizó 9 mil mariposas muertas en una de sus obras.

Debido a la dinámica de la *différance* ningún signo, ni colección de signos puede fijar de forma permanente el significado, ya que el significado se produce del juego de diferencias. Los significados los produce el propio sistema textual a través de *différance*.

McNabb dijo:
"nada en la esfera sociocultural, incluyendo a los propios individuos existe como algo positivo y suficiente en sí mismo, sino que cobra sentido solo en su relación con los demás elementos de la estructura".
Todo está sometido a *différance*.
Darin McNabb es filósofo.

Las relaciones sintagmáticas funcionan en presencia.
El sintagma es resultado de la concatenación de signos.
Las relaciones paradigmáticas funcionan en ausencia.
Los términos que componen una construcción sintagmática se seleccionan en detrimento de otros posibles.

Peirce llamó semiótica a su 'teoría de los signos'.
La imagen (superficie mediática, contorno) es texto (todo es texto) y es signo;
es un sistema de signos, es supersigno.

El objeto (obra de arte) es el medio, soporte, para la transmisión de la imagen (fotografía, cine, comic, pintura, música, escultura, etc.) y el sujeto interpretante es quien percibe significado en un acto de contemplación;
que no es más que un acto de descifrar signos.

La teoría de Peirce es una teoría de la percepción y, fundamentalmente, es una teoría del conocimiento, de la 'acción'. Peirce es pragmático.

Para Acaso los signos trabajan desde dos niveles: el nivel literal y el nivel de significado.
El nivel literal tiene que ver con lo denominado como significante, y consiste en el aspecto material del signo, es decir, en su parte física, lo que atiende a lo objetivo y lo consciente.

Del significante se desprende el discurso denotativo, un tipo de mensaje sin codificar (que Barthes define como: un mensaje icónico no codificado) a través del cual se enumeran y describen los elementos de la imagen, sin ninguna proyección valorativa y/o cultural.
Es posible decir que es el mensaje objetivo del signo.

El significado es el concepto o la unidad cultural que se otorga al signo por medio de una convención socialmente establecida.
Atiende a lo subjetivo y lo inconsciente y de él se desprende el discurso connotativo, en el que el observador interpreta libremente los elementos de la imagen.
El resultado de esta interpretación tiene que ver con la experiencia del sujeto y el contexto de visualización [contexto de contemplación, en sentido más amplio], lo que hace que la lectura sea distinta entre distintos observadores.
Es posible decir que es el mensaje subjetivo del signo.

La relación entre significante y significado es arbitraria.

Para Peirce el significado de un signo no es una cuestión ontológica sino lógico-pragmática.
No le interesa ¿qué es?, sino ¿qué hace?
El signo es un medio que vincula objeto e interpretante; es algo que está en lugar de otra cosa, en algún modo o carácter, con respecto a una mente interpretante en la que se crea un signo equivalente o más desarrollado.
En el modelo de Peirce no hay dualismo, como en el modelo de Saussure (significante-significado), sino más bien un continuo.
El signo es mediación.

Tubau dijo:
"La semiótica es la ciencia que se ocupa de los signos; los signos son aquellas cosas que pueden estar en lugar de otras, como el humo por el fuego, un charco en la lluvia, una palabra por un objeto".

La CR se mueve entre estos dos niveles: denotativo y connotativo, objetivo y subjetivo, físico y simbólico.
El substrato del discurso denotativo son los atributos intrínsecos del objeto (dintorno y contorno).
El substrato del discurso connotativo son los atributos extrínsecos del objeto (entorno).
La CR debe nutrirse de ambas fuentes; la sobreestimación del discurso denotativo le llevará a una cientificidad vacía mientras que la sobreestimación del discurso connotativo le conducirá a una fetichización absurda.

Duchamp dijo:
Todo objeto expuesto en un museo es una obra de arte.

Por mucho que las teorías del arte, o de la filosofía, intenten explicar o contextualizar las representaciones del arte como supersigno, el interpretante se enfrenta a una obra con tal sobreabundancia de referencias en la realidad que podría no encontrarle sentido.
El propio objeto está imposibilitado para manifestarse en su totalidad porque está vacío de significado, es víctima de una estrategia de sustitución del propio mensaje por el mensaje del medio.

Garbuno dijo:
La desaparición del símbolo da lugar a una serie de operaciones complejas de significación, cuyas relaciones entre significantes no llegan a reconstituir al símbolo:
este nunca se constituye y siempre está en estado etéreo y cambiante.
Si el símbolo desaparece, queda el signo como significante sin significado (el índice), o como fragmentos de representación, alegorías.

Groys dijo:
la infinita cantidad de significantes vacíos sin significación alguna, solo puede ser entendida como una perífrasis del concepto de medio: como esos significantes solo tienen un lugar mediático, pero no una significación, su único mensaje es el medio.
El medio se muestra como la proyección, en la superficie mediática, de la infinita sospecha mediática-ontológica.

Iósif Stalin dijo:
El artista es un ingeniero del alma humana.

Bauman contó que:
el artista Gedimias Urbonas puso cuatro contenedores vacíos en medio de un paisaje polar de Noruega en lo alto de una colina.
La gente paraba los coches y subía la colina para ver qué había en aquellos contenedores tan altos.
"En tres de ellos había objetos. Uno contenía un objeto de arte al uso, otro un objeto industrial, el tercero un objeto curioso. El cuarto estaba vacío. Y lo interesante es que la gente se demoraba en torno al cuarto contenedor, el que no contenía nada".
Solo la nada, el vacío, es capaz de generar tanta sospecha.

Groys dijo:
"Ya en los años treinta, Clement Greenberg hizo célebre la tesis de que la imagen moderna no solo muestra su superficie perceptible a través de los sentidos, sino que manifiesta también y principalmente su constitución medial y material oculta".

Zygmunt Bauman fue sociólogo, filósofo y ensayista.
Clement Greenberg fue crítico de arte.

Que el código entre emisor (artista) y el receptor (interpretante) sea común exige la existencia de un alfabeto de símbolos en cuyos términos sea posible expresar enunciados y el conocimiento compartido de ambos emisor-receptor (artista-interpretante, productor-consumidor).

Glafira Rosales se declaró culpable de haber vendido más de 60 falsificaciones a la galería Knoedler, en Nueva York, fundada en 1846. Todas las pinturas de Kooning, Pollock, Motherwell y Rothko, vendidas por unos 60 millones de dólares, fueron hechas por Pei-Shen Qian, un pintor chino de 73 años en Queens.

ESTA PÁGINA SE DEJÓ EN BLANCO
INTENCIONALMENTE

En las ciencias blandas no existe un sistema formal de axiomas y reglas de inferencia; el alfabeto de símbolos para expresar enunciados en teoría es infinito.
En las ciencias duras existe un sistema formal de axiomas y reglas de inferencia; el alfabeto de símbolos para expresar enunciados en la práctica es finito.

Gompertz en *¿Qué estás mirando? 150 años de arte moderno en un abrir y cerrar de ojos* quizo decir más o menos lo mismo con otras palabras:
El problema al que se enfrenta todo público tiene que ver con la comprensión. No importa que se sea un marchante de arte bien establecido, un académico de renombre o un comisario de museo: todos ellos se pueden sentir algo desorientados si se enfrentan a una pintura o a una escultura recién salida del estudio de un artista.

Saehrendt, en *Arte moderno para inexpertos*, dijo:
"es evidente que cada cuadro significa algo, aunque en ocasiones solo sea la incapacidad de su creador".
Christian Saehrendt es historiador de arte.
Escribió, junto a Steen T. Kittl: *Yo también sabría hacerlo*.

Schopenhauer dijo:
"Uno se coloca delante de un cuadro como lo haría delante de un príncipe, esperando a ver lo que nos dice; y, como a aquel, a este tampoco hay que dirigirle la palabra, porque él solo se oye a sí mismo".
Arthur Schopenhauer fue filósofo.

Gompertz dijo:
El *ready-made* ofrece la mejor oportunidad de revelar la verdad de lo mediático. En la medida en que el artista transporta un objeto de la vida al espacio del arte sin modificar el aspecto exterior de ese objeto –como hizo Duchamp por primera vez– demuestra cómo los procesos mediáticos, es decir, los desplazamientos y las transferencias de signos más allá de la frontera que constituye la topografía de la superficie mediática, producen confusiones en el nivel de la significación y de los atributos categoriales.

Groys dijo:
Solo puede ser vanguardista la reacción del contemplador, pero no el arte mismo.

Saehrendt dijo:
Muchas obras de arte hacen el efecto de ser vacías y chapuceras y, a pesar de eso, son muy alabadas. En muchos de los observadores crece la sospecha de que la sociedad del arte, por vanidades e intereses materiales niega la futilidad del arte. Parece que se hace realidad *El traje nuevo del emperador*, de Andersen.

El emperador va desnudo.

La proporción áurea es la relación que hay entre dos segmentos de una recta a y b, tal que:

$$(a+b)/a = a/b.$$

En el segundo manifiesto Dada (1918) se dijo:
La obra de arte no debe ser la belleza en sí misma, o está muerta; ni alegre ni triste, ni clara ni oscura, regocijar o maltratar a las personas individuales sirviéndoles pasteles de las aureolas santas o los sudores de una carrera arqueada a través de las atmósferas. Una obra de arte jamás es bella, por decreto, objetivamente, para todos.
Dada no significa nada.

En 1993 Vitaly Komar y Alex Melamid se propusieron pintar 'la pintura más bella del mundo' (también la más fea).
Para realizar la primera encuesta contrataron a Marttila & Kiley, Inc., con el apoyo del Nation Institute.
En 1994, iniciaron el proceso que dio como resultado la exposición en el Alternative Museum de Nueva York de los cuadros *America's Most Wanted* y *America's Least Wanted*, con el título *People's Choice*.
Komar y Alex Melamid se preguntaron:
¿Cómo sería el arte si tuviera que complacer al mayor número de personas?
¿Qué tipo de cultura produce una sociedad que vive y se rige por las encuestas de opinión?

Wittgenstein dijo:
No sé lo que no sé.
Ludwig Josef Johann Wittgenstein fue filósofo, matemático, lingüista y lógico.

También Tristan Tzara dijo también en ese manifiesto:
La crítica es por lo tanto inútil, no existe más que subjetivamente, para cada uno, y sin el menor carácter de generalidad.
Existen *7 manifiestos DADA*.

Alex Melamid describió su concepto del proyecto de la siguiente manera:
En cierto modo era una idea tradicional, porque la fe en los números es fundamental para la gente, empezando por la idea de Platón de un mundo que se basa en los números. En la antigua Grecia, cuando los escultores querían crear un cuerpo humano ideal, medían a los hombres y mujeres más bellos y luego hacían una media, y así describían el ideal de belleza y cómo se creaba la escultura más bella. En cierto modo, esto es lo mismo; en principio, no es nada nuevo. Es interesante: creemos en los números, y los números nunca mienten. Los números son inocentes. Son datos absolutamente ciertos. No dicen nada sobre las personalidades, pero dicen algo más sobre los ideales, y sobre cómo funciona este mundo. Esa es realmente la verdad, tanto como podemos llegar a la verdad. La verdad es un número.

El arte que debía complacer a un mayor número de personas ('la pintura más bella del mundo') resultó figurativo; en general paisajes con vegetación, agua, animales y personas.
El arte que debía repeler a un mayor número de personas ('la pintura más fea del mundo') resultó abstracta.

Salvador Dalí dijo:
El mal gusto es creativo. Es el dominio de la biología sobre la inteligencia.

Andy Warhol dijo:
La inspiración es la televisión.

El primer manifiesto Dada se llamó *Manifiesto del señor Antipirina*.

Heinrich Wölfflin dijo:
"No en todos los tiempos es posible todo";
solo es arte lo que en un momento determinado de la historia del arte puede ser arte.
El emperador sigue desnudo mientras el MA lo vea vestido.

Klinkenberg dijo:
"la semiótica visual no existe";
a pesar de su 'institucionalización'.

Heinrich Wölfflin fue historiador y crítico de arte.
Jean-Marie Klinkenberg es lingüista y semiótico.

Don Thompson cuenta en *La supermodelo y la caja de Brillo* que:
como respuesta a una oleada de producción de imágenes estilo Warhol de Mao, el ministerio de cultura chino emitió la noticia de que los artistas debían evitar usar la cabeza del antiguo presidente en sus obras. La respuesta fue una estatua de Mao sin cabeza.
En lugar de denunciar la obra y eliminarla, como creían que iban a hacer los galletitas del 798, el Ministerio de las artes compró otro ejemplar de la edición para la colección nacional. El comunicado de prensa explicaba que el cuerpo sin cabeza simbolizaba que el gobierno representa igualmente a todos sus ciudadanos.

¿Qué determina la identidad de una obra?
¿Cuál es su relación con la unidad y la finalidad?

Umberto Eco dijo:
El gusto por la autenticidad a toda costa es el producto ideológico de una sociedad mercantil, y, cuando una reproducción de una escultura es absolutamente perfecta, preferir el original es como preferir la primera edición numerada de un libro a la segunda edición: materia para anticuarios y no para críticos literarios.

Marcel Duchamp dijo:
contra toda opinión, no son los pintores sino los espectadores quienes hacen los cuadros.

La datificación transforma los datos en semas.
Un sema es un signo dotado de significado; se trata de unidades mínimas de información que componen un concepto de naturaleza inmaterial;
un sema es un concepto abstracto que permite descomponer el significado.

Mihaly Csikszentmihalyi dijo:
son los memes, lo que una persona creativa cambia; y si un número suficiente de las personas pertinentes consideran el cambio una mejora, este pasará a formar parte de la cultura.
Mihaly Csikszentmihalyi fue psicólogo.

La pátina es un signo: la huella del paso del tiempo en los materiales;
un signo al que se le atribuye 'legitimidad histórica', no semiótica.

Warhol dijo:
Soy artista porque soy feo y es lo único que puedo hacer.

La substracción de la pátina ha sido y es motivo constante de polémica.
La pátina altera la percepción de la imagen.

Ana Calvo dijo:
cuando se trata de una capa que no disturba la transmisión de la imagen se debe conservar; pero lo cierto es que el límite donde se produce esta perturbación es difícil, sino imposible, de establecer; al menos para justificar una legitimidad histórica.
Ana Calvo es CR.

En el arte contemporáneo no hay historia.
El arte moderno comenzó a finales del siglo XIX.
El arte de los nuevos medios apenas supera el medio siglo.
Esta historicidad agregada como atributo de valor incumbe más, como dijo Eco, a una teoría de las mercancías, más que a una teoría de los 'objetos' estéticos.

Una obra de arte transita en el tiempo por diferentes estados de autenticidad.
Un 'estado', en general, es una situación en que se encuentra 'alguien" o 'algo", y en especial cada uno de sus sucesivos modos de ser o estar; identifica determinado orden de las cosas en determinado espacio-tiempo.
El estado es un género especial de caso de una clase, con una manifestación.
Los estados son, en este sentido, manifestaciones.
Los estados están sujetos a una evolución temporal.

Warhol dijo:
¿No es la vida sólo una serie de imágenes que cambian a medida que se repiten?

El 'estado de autenticidad' muestra grados de diferenciación de lo mismo.
Se podría hablar de microestados o cambios de grado (de naturaleza continua) y de macroestados o cambios de orden (de naturaleza discreta).
Donde sea posible hablar de estética los estados de autenticidad son 'estados estéticos'.

Muñoz Viñas denomina: 'protoestado' a aquel estado de autenticidad prototipo, modelo, deseado como estado final de autenticidad después de un proceso de CR.
En ese estado objetivo (pretendido), el ruido no disturba la señal, la perturbación no disturba la imagen.

El arte del arte es arte

El ruido es señal no deseada.

Si la información son datos y las reglas de transformación metadatos; se podría inferir que el conocimiento es la combinación de ambos.
Los metadatos (datos de datos, procesos) aplicados a datos pueden generar un conocimiento que puede ser verdadero o falso; según se dé o no en la realidad (señal).
La representación de las figuras lógicas de la realidad (datos), con sus reglas de representación y transformación (metadatos), es representación del conocimiento.

Los sistemas formales pueden generar conocimiento.
Un sistema formal es un tipo de sistema lógico-deductivo constituido por un lenguaje formal (metadatos), una gramática formal que restringe cuales son las expresiones correctamente formadas de dicho lenguaje y las reglas de inferencia y un conjunto de axiomas que permite encontrar las proposiciones derivables de dichos axiomas.
En lógica, la inferencia se puede entender como una operación por la que se obtiene un nuevo hecho (proposición, consecuencia o conclusión) a partir de otras proposiciones.

Lluís Peñuelas dijo en *Autoría, autentificación y falsificación de las obras de arte,* que Ronald Spencer dijo que:
El análisis científico no puede demostrar la autenticidad. En el mejor de los casos, puede refutar la autenticidad o puede destapar que se ha restaurado o pintado por encima del cuadro, escondiendo información significativa sobre el autor.
Ronald D. Spencer es abogado y especialista en Derecho del Arte, escribió: *El experto frente al objeto. Dictaminar las falsificaciones y las atribuciones falsas en el arte visual.*
Joel Wachs, Presidente de la Andy Warhol, Foundation for the Visual Arts, dijo acerca de este libro: lectura obligada para todo aquel que sea propietario o quiera comprar arte.
Lluís Peñuelas i Reixach es secretario general de la Fundación Dalí y profesor titular de Derecho Financiero.

La autentificación es el proceso que establece si una atribución de autoría de una obra es correcta o verdadera.
La autentificación presupone la exclusividad de un autor.
La copia de una obra es incorrecta o falsa si se debe atribuir a múltiples autores.

La imagen de la frase: *El arte del arte es arte,* no es de Barbara Kruger.

Los chinos tienen dos conceptos diferentes para el concepto único del término copia occidental.
El término *fangzhipin* [仿製品] se usa para la imitación; donde la copia es diferente al original.
El término *fuzhipin* [複製品] se usa para la reproducción; donde la copia es indiscernible del original.
Para los occidentales ambas copias pertenecen a un estadio axiológico disminuido, degradado, incluso despreciado.
Para los orientales el *fuzhipin* tiene el mismo valor que el original.
La copia es el original.

Han dijo que:
el original es algo imaginario en una cultura que no está comprometida con rupturas y discontinuidades revolucionarias, sino con continuidades y transformaciones silenciosas, no con el Ser y la esencia, sino con el proceso y el cambio.

Los chinos también tienen un término que significa falsificación (*fake*): *shanzhai* [山寨].
Las falsificaciones son entendidas como reinterpretaciones, no como reproducciones; no pretenden engañar a nadie.

Michael Findlay dijo:
Todas las obras de arte tienen posibilidades de valor comercial, valor social y valor esencial.
Ninguno de estos valores es constante; los tres aumentan o disminuyen con las fluctuaciones de las costumbres y los gustos de diferentes épocas y culturas en interacción con el MA.

Las cosas no valen lo que valen, sino lo que las personas creen que valen.
El valor es una cualidad relacional, básicamente social, que surge del interjuego del sistema.

Groys dijo:
El valor de una obra de la cultura se determina por medio de su relación con otras obras, y no mediante su relación con la realidad exterior a la cultura, o por su verdad o su sentido.

Massimo Leone dijo que:
el 'marco de valorización' convierte lo insignificante en significativo, lo corriente en valioso, lo banal en lo excepcional.
Massimo Leone es filósofo y semiótico.

Groys dijo que:
la axiología en el arte opera no a través de valores en sí, sino a través de la transmutación de valores;
la forma esencial de la innovación y es, por lo tanto, un proceso económico.
La economía consiste en el tráfico con valores dentro de una determinada jerarquía de valores. Ese tráfico es una exigencia de todos los que quieran tomar parte en la vida social. Y la cultura es una parte de ella.

Arthur Danto dijo:
"Deberíamos pensar en el arte después del fin del arte, como si estuviéramos emergiendo desde la era del arte a otra cosa, cuya forma y estructura resta ser entendida".

Cuando Hegel entendió que el arte no era ya norma ni criterio, ni símbolo de la moral o de lo absoluto, mucho antes que Danto, dijo:
el arte es y sigue siendo para nosotros 'algo pasado'.
Georg Wilhelm Friedrich Hegel (dígase Jorge Guillermo Federico), fue filósofo.

Ruiz dijo:
El mercado del arte se construye sobre el principio de unicidad y originalidad de los bienes, de hecho, los economistas marginalistas, Menger,Walras y Jevons, enfocaron la cuestión desde un punto de vista distinto, basando la valoración de la mercancía sobre la cantidad de unidades disponibles en el mercado, lo que revalorizaba los objetos raros y escasos, entre ellos la obra de arte.
Nacho Ruiz escribió *La obra de arte como objeto de intercambio. Procesos y estructuras del mercado del arte.*

Danto dijo:
son las propiedades invisibles las que convierten algo en arte.

En 1964 Elaine Sturtevant expuso en la Galería Bianchini de Nueva York una serie de Flores idénticas a las de Andy Warhol.
Cuando a Warhol le preguntaban cómo se le habían ocurrido sus obras, cuál era el secreto, contestaba: –No lo sé. Pregúntenle a Elaine.
Sturtevant recibió el León de Oro de la Bienal de Venecia de 2010 (compartido con Franz West), un premio concedido a toda la trayectoria de un artista.

En la misma noticia del acontecimiento se dijo:
Las piezas de Sturtevant, pioneras del arte conceptual, están profundamente vinculadas a la literatura y a la filosofía y tienen un lema común: no hay nada original. Sus trabajos más conocidos son réplicas de trabajos de Marcel Duchamp, Frank Stella, Andy Warhol, Joseph Beuys, Félix González-Torres o Paul Mc-Carthy.

Las obras de Sturtevant no son falsas, faltas de realidad, ley o veracidad;
Son obras auténticas, *fuzhipin*.
No pretenden sustituir engañosamente el modelo de partida.
Las Flores de Sturtevant son Flores de Warhol.
Sturtevant no pretende suplantar a Warhol, simplemente le copia.
La obra de Warhol y de Sturtevant es indistinguible.
Materiales, técnicas, procedimientos son los mismos (Sturtevant consiguió incluso que Warhol le cediera las planchas serigrafiadas que sus ayudantes utilizaban, y los pigmentos que empleaban. El resultado es el mismo.
Los Warhol más 'warholianos' son obra de Sturtevant.
Muchos coleccionistas y 'entendidos' del arte, desechan 'Marylines' o 'Flores' que han comprado, cuando descubren que son obra de Sturtevant.
Devuelven la pintura.
Ya no les interesa; ya no la disfrutan.

Warhol fue el rey del *pop art*;
Sturtevant fue la reina de la copia.
Las personas proyectan valores diferentes sobre estos atributos ajenos a la obra de arte.

Warhol dijo:
Pienso que cualquiera podría hacer mis pinturas por mí.
La razón por la que pinto de esta manera es porque quiero ser una máquina.
Warhol tenía un séquito de ayudantes que pintaban por él (aunque él, más que hablar de pinturas, prefería hablar de 'productos industriales'.

Albert M. Fine comenzó a manipular postales, deprisa y corriendo en coffee-shops, cafeterías y fast-foods, donde pasaba el día entero.
Se trataba de dibujos estilizados a bolígrafo de los objetos que en ese momento tenía a mano sobre la mesa del local, siempre los mismos: una cucharilla, una bolsita de té, un terrón de azúcar que desaparecía en los buzones de correo con destino a sus amigos.
Esta 'acción', celebrada por un jurado por valiente, es una exaltación a esa estetización del aburrimiento que inició Fine a principios de los años sesenta con el *mail art*.
Este jurado hizo de sastre del traje nuevo del emperador que va desnudo.
El traje no es nuevo, ni es nada.

El 23 de julio de 2013 el artista Enrique Ježik ganó, en medio de una profunda sorpresa, la décima edición del Premio arteBA-Petrobras de Artes Visuales en Buenos Aires, Argentina.
El premio internacional (dotado de 100.000 pesos argentinos) exigía el envío de imágenes (de cualquier obra plástica) a través del servicio de correo electrónico.

El desconcierto de Ježik fue recibir un premio al que no había enviado ninguna obra.
Ježik dijo:
Sinceramente me tomó por sorpresa, había estado maldiciendo por semanas cuando me di cuenta que no había adjuntado el archivo en el mail de la convocatoria, aún no sé qué pensar.

Jorge Macchi, uno de los miembros del jurado, dijo:
nosotros lo tomamos como un atrevimiento, una especie de performance que trascendía los límites físicos del arte, un cuestionamiento a las bases mismas del concurso que pretendían encasillar como algo 'físico' un archivo digital que, al final, es solo ceros y unos: una idea.
Cuauhtémoc Medina, un curador mexicano miembro del jurado, dijo:
nos gustó mucho la idea de una especie de acción 'mandada' por e-mail, teníamos la sensación de que se estaba transgrediendo el mundo digital, nos pareció una acción valiente.

El dinero fue a manos de Ježik pero el premio, en realidad, fue para el jurado.

Ježik dijo:
me da bronca que hayan pensado que ése era mi trabajo, creo que tengo mejor gusto, ésa es una idea poco original después de Orozco, que además le copió a Malevich, y me pone a pensar si hubiera ganado con lo que, de hecho, era mi obra.

El escultor Eduardo Chillida dijo:
El arte está ligado a lo que todavía no se crea.

Hablar del valor esencial, simbólico, en el arte contemporáneo, como una categoría axiológica, parece un disparate difícil de explicar, ya no estéticamente sino incluso filosóficamente, en cuanto alude a una variedad de reacciones que, según la cultura, educación y experiencia vital occidental, es susceptible de clasificar como 'emocionales', 'espirituales', 'psicológicas'y tal vez incluso 'religiosas'.
Findlay dijo:
existe un gran negocio en la interpretación.

Danto reclama a la filosofía las 'nuevas' herramientas de juicio, pero recurre a algo que no podemos percibir sino adjuntar: teorías artísticas, una atmósfera teórica, un MA, un constructo artificial.
Duchamp dijo:
el arte tiene la bonita costumbre de echar a peder todas las teorías artísticas.
Lo que distingue dos indiscernibles (ya sean dos urinarios de Duchamp o dos cuadros rojos de Danto) es, simplemente, lo que se proyecte sobre ellos, lo que está fuera de ellos.

No se puede reconocer una obra de arte sino elegir y 'construir'; adjudicar atributos correspondientes a esas atmósferas teóricas del mundo del arte a las que alude Danto y convencer al resto de los mortales que está-ahí, justamente, todo eso que no-está-ahí; al menos lo que no-se-ve.
Su valor esencial no está 'dentro' de la obra de arte [dintorno, contorno], no es intrínseco, sino 'fuera' [entorno], es extrínseco.

Gilles Deleuze dijo:
El arte es lo que resiste: resiste a la muerte, a la servidumbre, a la infamia, a la vergüenza.

Un objeto real puede convertirse en un objeto cultural y viceversa por un proceso de transmutación de valores, en ser un signo u otro.
Ambos son reales (incluso cuando se trate de un objeto intangible, inmaterial) solo que se trata de realidades diferentes. En el primer caso se trata de una realidad profana y en el segundo de una realidad culturalmente valiosa; una realidad 'superada' en el sentido axiológico que separa lo profano de lo cultural.
A propósito de esto, Groys dijo:
los *ready-mades* parecen siempre más profanos y más reales que la propia realidad.

Si todo objeto puede ser arte, entonces, si el arte puede ser cualquier cosa ('cosa' que incluso no está obligada a existir) y puede ser representada por un signo, la disciplina que estudie el arte debería ser la semiótica, "todo lo que puede usarse para mentir" (según definición de Eco). Los espacios del arte, como lugares de encuentro, legitiman lo que es arte y lo que no; en cuanto compran, almacenan y exponen lo que se supone es arte, independientemente de lo que está-ahí, del objeto, sino por su relación con la cultura, con la tradición cultural; en cuanto se produce un reconocimiento.

Picasso dijo:
El propio arte es una mentira que nos hace darnos cuenta de la verdad.

Warhol dijo:
Un artista es alguien que produce cosas que la gente no necesita tener pero que él, por alguna razón, piensa que sería una buena idea darles.

La labor de las administraciones competentes juega un rol muy importante en la axiología del arte.

Findlay dijo:

Una importante contribución a este valor social especial es la dedicación de lugares específicos para la instalación y disfrute del arte: museos, galerías y las paredes de nuestras casas e instituciones, tal vez incluso nuestro lugar de trabajo. En realidad, hemos acabado fijándonos en dónde está (un museo) para saber qué es (arte), sobre todo cuando podría ser otra cosa (como el escurrebotellas de hierro de Duchamp) que podría confundirse con un objeto menos excelso.

El valor social del arte es el resultado necesario de la reunión de dos o más individuos con el propósito general de experimentarlo.

Gory dijo:

Conforma una jerarquía tal aquello que puede ser denominado como la memoria cultural estructurada u organizada.

Ninguna jerarquía cultural puede ser legitimada teóricamente. Toda distinción de valor que funde una jerarquía entre esas dos imágenes [cosas profanas concretas del espacio profano versus valores culturales concretos de la cultura valorizada] solo puede ser una ficción ideológica, que debe justificar el predominio de determinadas instituciones del poder cultural.

El valor histórico está fuera del objeto; es generado por el propio tiempo, la antigüedad, o los sucesos de la coyuntura en que se gestó, o estuvo presente.

El objeto es testigo de su tiempo, es un fragmento materializado de la historia y, por ello, como legado histórico, adquiere un valor incalculable.

La transmutación de valores que defiende Groys (la traslación de las fronteras culturales del valor; pero no su definitiva superación o su disolución), a través de la innovación, mueve los objetos de lo profano a lo 'sagrado' y viceversa.
Para Derrida el 'archivo' es una textualidad infinita, una suma de valores que no distingue entre lo valorado y lo profano.
Para Braudillard el intercambio de simulacros es universal y no permite la distinción entre la realidad y su simulación o cultura, de manera que el intercambio innovador, a su vez, deviene una parte del intercambio general de simulacros.
Jean Baudrillard fue filósofo y sociólogo.

La economía cultural es la economía propia de la transmutación de valores culturales;
está abocada a un cambio continuo forzado por la innovación.

Si es difícil, sino imposible, responder a la pregunta: ¿Qué es arte?; mucho más difícil, sino imposible, es responder a las preguntas:
¿Por qué el arte vale lo que vale?
¿Por qué paga alguien lo que paga por el arte?
¿Paga realmente lo que vale?

Warhol dijo:
el mejor arte es el de hacer buenos negocios.

Gompertz dijo:
si una palabra define al arte contemporáneo sería 'empresarialismo'.
Hirst, Koons, Murakami... son marcas como Nike o Coca-Cola.

Jeff Koons dijo:
Mis objetos son metáforas de la gente.

Las fábricas de arte raramente producen obras únicas, sino series.
Warhol encontró en la serigrafía el secreto de la reproductibilidad técnica de sus obras: mantener las formas y variar los colores; con esta técnica consiguió un gran número de copias con variaciones que vendió prácticamente como objeto único y que hoy se cotizan como originales únicos.

Judith Goldman dijo:
En una irónica vuelta de tuerca, Warhol subvirtió la capacidad del grabado de generar imágenes exactas, repetibles, y se sirvió de la serigrafía para hacer cuadros singularizados.
Judith Goldman fue miembro del Andy Warhol Art Authentication Board y ex conservadora de obra gráfica del Whitney Museum of American Art.

Gompertz dijo:
El marketing y el dinero han cogido las riendas del arte. Los museos, los coleccionistas, los artistas y los marchantes... todos trabajan al unísono en un engranaje para mantener la fama y los precios de los artistas. Y eso impide saber el valor real de ciertas obras de arte.

El MA es un complejo entramado formados por los 'agentes del arte' (artistas, marchantes, curadores, críticos, coleccionistas, casas de subasta, ferias, instituciones, organizaciones económicas, etc., etc., etc.) encargados del tráfico de símbolos y mercancías con el firme propósito que nunca explote la burbuja, que los precios siempre suban y nunca bajen.

Takashi Murakami dijo:
Siempre tengo estrés.

Christie's y Sotheby's fijaron en secreto el precio de las comisiones que cobraban.
Trabajaron juntos.
Se llevaron muy bien.
Christie's ganó lo que buscaba, Sotheby's pagó el precio.
En U.S.A., la fijación de precios es un delito;
en Reino Unido, no.

En enero de 2015, el artista belga Luc Tuymans fue declarado culpable de plagio.
El jurado comprobó que se apropió de una fotografía del reportero gráfico Katrijn Van Giel.
La pintura de 2011 de Luc Tuymans y la fotografía de Katrijn Van Giel del político Jean-Marie Dedecker, son muy similares.
Tuymans admitió que la foto fue una inspiración, aunque defendió que su pintura era una parodia.

Richard Prince visita los perfiles de Instagram de personas al azar y comenta sus fotos; después imprime todo en un lienzo y lo vende en millones de dólares.
La Galería Gagosian exhibió y vendió sus obras en la azotea durante la feria de arte Frieze.

En 2014 Deborah de Robertis, homenajeó a *LÓrigine du Monde* de Gustave Courbet (1866) en el museo de Orsay en París.
de Robertis expuso su vagina imitando a la modelo en la pintura; se dice que impresionó a todos los visitantes del museo que coincidieron con su homenaje.

Damien Hirst dijo:
Se necesita un gran ego para ser artista.

El MA es un sistema oscuro, nada transparente, de ambiente chic (quizá el *chill out* ya no se lleve), salas VIPs para fijar los precios del mercado primario (de primera mano) para que coleccionistas, negociantes de fundaciones o marchantes puedan venderlo en el mercado secundario (de segunda mano); que se apoya no en las obras, sino en discursos divinos de inspiración divina, retórica obtusa, promesas de inversión futura, etc.

El MA es uno de esos sistemas competitivos donde el ganador se lo lleva todo. Las probabilidades de éxito son bajas, el número de artistas que 'triunfan' es insignificante pero la recompensa es desproporcionadamente elevada.

Groys dijo:
"Lo máximo que uno está dispuesto a hacer hoy frente a una obra de arte es considerarla interesante y preguntar en todo caso por su precio. El precio inmuniza hasta cierto punto a la obra de arte contra el gusto del público. Muchas obras que actualmente se conservan en los museos habrían terminado hace rato en la basura si el efecto inmediato del gusto del público no hubiera estado limitado por consideraciones económicas. La participación común en la praxis económica debilita la separación radical entre artista y público. Es lo que obliga al publico a respetar también, en virtud de su precio elevado, una obra de arte que no le agrada".

El artista Gerhard Richter dijo:
Cada vez que bato un récord mi reacción es de horror.
En 2012-2103, las dos obras contemporáneas subastadas más caras fueron de Richter.

La número uno es *Domplatz Mailand* (*Plaza del Duomo*, Milán) (1968), un paisaje urbano de Milán, vendido en Sotheby's de Nueva York en mayo de 2013 por 37,1 millones de dólares (24 millones de libras).
La número dos es *Abstracktes Bild* (*Cuadro abstracto*) (1994), vendido en Sotheby's de Londres en octubre de 2012 por 21,4 millones de libras (34,2 millones de dólares).
Pero, en febrero de 2015, llegó la gota que colmó el vaso: una tela de su serie *Abstraktes Bild*, fechada en 1986, se vendió en Sotheby's Londres por 41 millones de euros.

Richter cree que pagar esa cantidad de dinero por su trabajo es absurdo y que los precios por sus obras caerán "cuando el mercado se enmiende".
Ni el mismísimo Richter, 'el ganador', ha conseguido, después de varios intentos, enfriar sus propios precios.
Simplemente "no puedes escapar del mercado", dijo.
En 2013 lanzó una serie de cien pinturas de pequeño formato y precio reducido que al poco tiempo, ya estaban en subasta y se revendían por el triple del coste original.
En otro intento fijó en 2.000 euros una edición nueva de sus fotografías, pero un galerista le detuvo: "No puedes venderlas a ese precio, al menos tienen que estar entre 10.000 y 20.000 euros".
Si vendes muy caro estás obligado a seguir vendiendo muy caro.

George Bernard Shaw dijo:
Sin el arte, la crudeza de la realidad haría que el mundo fuese insoportable.
George Bernard Shaw fue dramaturgo y periodista.

Richter se escandaliza:
"Es muy preocupante, sobre todo cuando echas un vistazo a los catálogos. Siempre me los mandan y cada vez son peores y peores. No puede imaginarse la cantidad de basura que ofrecen a unos precios que suben todo el tiempo".
No sirve de nada.
El MA funciona porque a los coleccionistas no les basta con ir al museo a contemplar arte sino que tienen la necesidad de poseerlo.

Thompson dijo:
En 2012, el Museo de Arte Moderno adquirió, a través de un regalo del financiero de Nueva York Henry Kravis, la versión más temprana conocida de la obra 4'33" de John Cage. Consiste en tres páginas de papel cebolla, en blanco, excepto dos líneas verticales negras. La partitura de la composición musical dura 4 minutos y 33 segundos; un tiempo durante el cual el intérprete no toca una sola nota. Para diferenciar los movimientos, el intérprete abre y cierra la tapa del piano tres veces. La línea vertical corresponde al periodo entre aperturas; dos centímetros y medio de línea equivalen a ocho segundos. 4'33" está inspirada en la obra *White Paiting* (1951) de Robert Rauschenberg, que es blanca, completamente blanca.

La obra de Damien Hirst *Bromobenzotrifluoride*, pertenece a su serie de pintura de puntos.
Hirst consideraba que sus puntos eran una mierda; que Rachel Howard era la mejor pintando puntos.
Howard pintaba puntos para él.

Hirst dijo:
Para mí, el arte es siempre una especie de teatro.

Howard solo era una más entre los más de cien técnicos empleados por el artista para realizar sus obras.
En 2007 Howard dejó la factoría Hirst para emprender su camino pintando puntos.
En 2008 vendió una pintura 'suya' de puntos por 90.000 dólares en una subasta en Nueva York.

Thompson dijo:
Unos meses después, otra pintura de puntos suya [de Howard con la firma de Damien Hirst], se vendió por 2, 25 millones de dólares.
La obra de Hirst, titulada *Amphotericin B*, similar a *Bromobenzotrifluoride*, solo tenía algo más que la obra de Howard: nada menos que su firma, la marca.

Lo que vemos, parafraseando al propio Hirst, no es lo que vemos; es lo inducido por lo que Thompson llama 'historia de trasfondo': 'trasfondo' y 'contexto'; que hace más de 2.300 años Aristóteles denominó 'ethos' y 'pathos', respectivamente.

Según la *Retórica* de Aristóteles existen tres tipos de argumentos persuasivos: logos, ethos, pathos.
Logos es lógica, la conexión emisor-receptor a través del mensaje.
Ethos es credibilidad, reputación, autoridad, confianza.
Pathos es emocionalidad, contexto.

La historia de trasfondo ofrece una interpretación tan artificial como necesaria para producir lo que Louis Cheskin denominó 'transferencia de sensaciones'.
Según la Wikipedia, Louis Cheskin fue un investigador científico, psicólogo clínico e importante innovador del marketing.

El marchante Leo Castelli dijo en 1966:
"Mi responsabilidad es la construcción del mito con material mítico, que manejado de una manera adecuada e imaginativa, es el trabajo del marchante. No se puede construir un mito con prudencia".
El marchante es uno de los sastres del traje nuevo del emperador.

El mercado del arte maneja 60.000 millones de dólares al año.

Leonora Gummer dijo:
Entre el 10 % y el 40 % de las obras que aparecen en el mercado son falsas o se encuentran tan alteradas o restauradas que casi podrían catalogarse como tales.
Gummer trabajó en el área de maestros antiguos de Sotheby's.
Es más fácil falsificar un 'certificado de autenticidad' y alterar el contexto teórico del MA necesario, que la obra misma.
Es necesario certificar la autenticidad de la obra y también la autenticidad del certificado.

Wolfgang Beltracchi se hizo famoso, no tanto por sus excelentes falsificaciones, sino por el desliz de 'la pintura blanca' que le llevó a la cárcel con su falso Heinrich Campendonk, *Cuadro rojo con caballos*, subastada en noviembre de 2006 y comprada por la compañía Trasteco por 2.88 millones de euros.
Beltracchi siempre usó blanco de cinc, mezcla muy normal en época de Campendonk; sin embargo, mientras la falsificaba, se le agotó el pigmento y utilizó en su lugar un producto holandés que contenía una pequeña cantidad de blanco de titanio, producto que no existía en 1915; cuando se pintó el original perdido.

Los nuevos dueños del cuadro encargaron un análisis científico que detectó el fraude: un pequeño descuido que le llevó a la cárcel.
Beltracchi conocía el arte del expresionista Campendonk hasta tal punto que podía pintar un cuadro a partir del título; nada más, ni fotografías, ni una simple descripción;
se podría decir que Beltracchi fue un pionero de la conversión texto-imagen (*text2image*).

Beltracchi dijo que Dorothea Tanning, pintora y viuda de Max Ernst, dijo que una de sus falsificaciones era el cuadro más hermoso pintado por su marido.

Beltracchi justificaba la autenticidad de su Colección Jäger imaginaria con imágenes igualmente falsas que generaban un aura de autenticidad histórica, de 'época'.
Helena Beltracchi, esposa legítima de Beltracchi, supuesta esposa del industrial Werner Jägers, supuesta nieta de los Jägers, posaba en fotografías en un salón típico de los años 20 en cuyas paredes colgaban obras de Max Ernst, Fernand Léger, Heinrich Campendonk y André Derain.

Danto dijo:
El MA no tiene la capacidad de distinguir lo falso de lo auténtico si tiene que juzgar más allá de la obra.

Findlay dijo:
la autenticidad tiene que acordarse de manera unánime; de otro modo, los juicios de valor no tienen sentido.
Paradójicamente, no hay ningún estudioso [*connoisseurship*] ni familiar de artista que sea necesariamente infalible a la hora de determinar la autenticidad de una obra.

En octubre de 2016, la Audiencia de Barcelona absolvió a dos falsificadores por vender 73 cuadros falsos de pintores como Tàpies, Brossa y Guinovart, al entender que los coleccionistas que los compraron, al ser expertos en arte, no pudieron ser engañados.

Yan Walther utilizó reflectografía infrarroja para analizar telas de Fernand Léger.
Walther concluyó:
Más del 70 % de las piezas resultaron falsas.
Walther es director de Fine Arts Expert Institute (una empresa suiza que emplea tecnología de vanguardia para desenmascarar fraudes).

El arte vale lo que alguien esté dispuesto a pagar por él.

Robert Driessen falsificó 1.000 esculturas de Alberto Giacometti a lo largo de 30 años y ganó millones.
Vive en Tailandia huido de la justicia.

Driessen dijo:
Las galerías lo sabían. Todo es una cuestión de dinero; dinero y nada más. El mundo del arte está podrido. Al menos 300 o 400 de mis falsificaciones se colocaron a través de ellas.

Orson Welles cuenta en su película *F for Fake*, de 1974:
Un amigo una vez le mostró a Picasso un Picasso quien dijo "no, es una falsificación". El mismo amigo le llevó, de otra fuente, otro supuesto Picasso, y Picasso dijo que ese también era falso. Luego de otra fuente. "También falso", dijo Picasso. "Pero Pablo" le dijo este amigo, "Yo mismo te vi pintarlo". Picasso contestó "Puedo pintar falsos Picassos tan bien como cualquiera".

Clifford Irving, biógrafo del falsificador Elmyr de Hory, narra en la misma película:
Hay que hacer una distinción importante cuando hablas de la genuina calidad de una pintura. No tiene que ver con si es una pintura real o una falsificación. Tiene que ver con si es una buena o mala falsificación.

¿Habría falsificaciones sin un mercado del arte?

Welles dijo:
El valor del arte depende de las opiniones. Las opiniones dependen de los expertos. Un falsificador como Elmyr se burla de los expertos, entonces ¿quién es el experto? ¿quién es el falsificador?

Cuando Picasso regresó a Francia en 1940, se topó con el ejercito nazi que había ocupado gran parte del país.
Ante una foto del cuadro de Guernica, según se dice, un oficial alemán le preguntó a Picasso: –¿Ha hecho usted esto? a lo que Picasso respondió: –No, han sido ustedes.

Kahneman dijo:
Contrariamente a las reglas de los filósofos de la ciencia, que aconsejan contrastar hipótesis intentando refutarlas, la gente (y los propios científicos con bastante frecuencia) buscan datos que puedan ser compatibles con las creencias que actualmente tiene.
Daniel Kahneman es psicólogo, economista y académico.

El escritor Milan Kundera dijo:
Usted puede entender nada de arte, el arte moderno en particular; si usted no entiende que la imaginación es un valor en sí mismo.

La memoria no solo está contaminada por nuestros perjuicios inductivos sino por su propia dinámica.
La memoria se recrea con cada recuerdo hasta el punto de sustituirlos por recuerdos completamente falsos.
Una memoria es tan real como el último recuerdo.
El pasado es una invención de la memoria.

Prada dijo:
La imagen digital no es realmente una imagen.
La imagen digital es producción continua de falsas presencias.
Juan Martín Prada es académico; escribió: *La condición digital de la imagen*.

Groys dijo:
Podríamos decir que la digitalización ha convertido las artes visuales en artes performáticas.
Cada visualización se convierte en un original. Las imágenes digitalizadas no existen a menos que como usuarios les demos cierto aquí-y-ahora. Esto significa que cada copia digital tiene su aquí-y-ahora: un aura de originalidad que una copia mecánica no posee. Debido a la digitalización, el vínculo entre el original y la copia ha cambiado de un modo radical, y este cambio puede describirse como un momento de quiebre entre la modernidad y la contemporaneidad.

Los medios digitales pueden 'calcar' la cualidad de los medios analógicos; su umbral de discriminación es superior y por esta misma razón, puede degradarse; es decir, puede imitar una cualidad inferior.
Un medio digital puede simular ruido y producir imágenes 'defectuosas'; todo lo defectuosas que se quiera.

La calidad de la imagen fotográfica digital depende de la cantidad de distorsión geométrica y fotométrica que introduzca la cámara y las lentes.
El proceso de corrección de estas aberraciones se denomina 'revelado digital'.

El problema de la Restauración es un problema de identidad.

El *Ecce Homo* de Borja alcanzó la fama internacional cuando se convirtió en el *Ecce Mono*; un icono de intento fallido de restauración, falso histórico, incluso *pop*, por la mala actuación, con toda la buena intención, de una lugareña del pueblo de Borja, Cecilia Giménez, aficionada a la pintura, y por la mala protección del patrimonio que permite este tipo de intrusismo. Esta pequeña pintura mural, pintada por el profesor español Elías García Martínez, en el Santuario de Misericordia de Borja, Provincia de Zaragoza, España, tenía escaso valor económico y poca importancia artística; de hecho ni siquiera era completamente original, pues parece directamente inspirado en otro Ecce Homo de Guido Reni.

El publicista David Ogilvy dijo:
Nadie ha construido nunca una marca imitando la publicidad de otro.

Kant dijo:
La belleza artística no consiste en representar una cosa bella, sino en la bella representación de una cosa.

La pequeña pintura mural, gracias a Cecilia, aunque conserva su baja importancia artística, ha adquirido un alto valor económico, gracias a los ingresos que generan oleadas de turistas curiosos para los que antes Borja solo era un pueblo de Zaragoza marcado en el mapa con un pequeño punto.

La identidad puede ser formulada según la pregunta de partida:
¿Por qué una 'cosa' es? ¿Por qué es esa 'cosa' y no otra? ¿En qué momento una 'cosa' deja de ser lo que es para ser otra?

Leibniz introdujo la 'ontología', en su libro *Introductio ad Encyclopaediam arcanam*, como la ciencia de lo que es y de la nada, del ente y del no-ente, de las cosas y de sus modos, de la sustancia y del accidente.
La ontología permite definir por qué algo es y no que simplemente es.
Gottfried Leibniz fue filósofo.

Cada cosa que *es* se define en término de determinadas propiedades o atributos y cada una de estas propiedades o atributos pueden tomar valores en un determinado rango o conjunto; lo que permite generar diferentes cosas que, siendo lo mismo, son individuaciones, instanciaciones, diferentes.
La ontología permite definir clases o tipos (la metafísica) mientras que la instanciación de esas clases o tipos son las que hacen que un objeto o particular 'sea' (la física).
Dos objetos idénticos corresponden a la misma clase, poseen los mismos atributos (en número y cualidad); pero esos atributos, además, poseen exactamente los mismos valores.
Dos objetos indiscernibles son dos objetos idénticos.

Sin embargo, solo puede existir un objeto idéntico en un espacio-tiempo; un objeto idéntico solo puede ser idéntico a sí mismo. Los objetos indiscernibles pueden ser numéricamente múltiples, contables. La indiscernibilidad es un concepto más débil de igualdad y equivalencia.

Danto considera que las cajas Brillo de estropajos de Warhol son indiscernibles, no idénticas, porque no comparten el mismo espacio-tiempo y porque sus atributos son débilmente iguales o equivalentes.
Perceptualmente parecen lo mismo pero no lo son; las sustancias de cada objeto, pese a que todos sus atributos son los mismos y sus valores son muy cercanos, no son idénticas.

Aristóteles dijo en *Metafísica*, libro Quinto, II, que:
Se llama causa, ya a la materia de que una cosa se hace, ya a la forma y el modelo. También se llama causa al primer principio del cambio o del reposo. La causa también es el fin, y entiendo por esto aquello en vista de lo que se hace una cosa. Por último se llaman causas todos los intermediarios entre el motor y el objeto porque todos estos medios se emplean en vista del fin. Tales son las diversas acepciones de la palabra causa.

Para Aristóteles todo lo que hay en el mundo puede explicarse mediante cuatro causas que dan cuenta plenamente de la existencia de cualquier objeto.
Estas cuatro causas son: la causa material (de *qué* está hecha una cosa); la causa formal (*cuál* es la disposición o forma de una cosa); la causa eficiente. (*cómo* llega a existir una cosa); y la causa final (función u objeto de una cosa; *para qué*).

Dos objetos son indiscernibles si sus causas son iguales.

Husserl dijo que:
la ontología es una ciencia de las esencias que puede ser formal o material pero no eficiente o final.
Edmund Husserl fue filósofo y matemático.

Aristóteles no consideraría que las cajas Brillo de Warhol sean indiscernibles de las que se venden en el supermercado. El proceso de producción (causa eficiente) y la finalidad (causa final) es diferente; pero ambas causas no están en la esencia de la 'cosa'. Se podría llegar a la misma esencia formal y material con causa eficiente y final diferente;
son atributos extrínsecos a la 'cosa-en-sí'.

Según la fenomenología de Husserl, la cosa es materia y la conciencia, es lo que ilumina las cosas.
Según Sartre la conciencia, en lugar de ser una luz que va del sujeto a la cosa (al objeto), es una luminosidad que va de la cosa al sujeto.
Jean-Paul Charles Aymard Sartre fue filósofo, escritor, novelista, dramaturgo, activista político, biógrafo y crítico literario.

Para Bergson una imagen puede ser, sin ser percibida;
puede estar presente sin ser representada.
La distancia entre estos dos términos: 'presencia' y 'representación' parece medir justamente el intervalo entre la materia misma (la cosa-en-sí, el objeto) y la percepción consciente que tenemos de ella (la cosa-para-sí, el sujeto).

El 'fetiche' es un objeto insólito investido de un deseo poderoso desviado de su propio objetivo.

El artista italiano Salvatore Garau vendió *Delante de ti* (*Devanti a te*) por la suma de 21.120 euros en una subasta en Milán. Garau dijo:
es, entre todas mis esculturas inmateriales, la que considero más enigmática y, lo admito, inquietante.
Pintar ya no me basta para describir lo que está sucediendo a nuestro alrededor en todo el planeta.

Según el certificado de autenticidad de la obra, la escultura invisible debe de colocarse en un espacio libre con las dimensiones tangibles de aproximadamente 200 × 200 centímetros. Ese espacio delimitado, ese vacío, es la materia de lo inmaterial que descubrió Garau.
El certificado es la única prueba de que la escultura existe. ¡Cuidado!, "sin él, podría tratarse de una vulgar imitación vacía de contenido", escribió el periodista Alberto Hernando para Esquire.

Alex Branczik dijo:
Bansky no destruyó una obra de arte en la subasta [*Girl with balloon*], creó una nueva [*Love is in the bin*]. Tras su intervención sorpresa, nos complace afirmar la venta del primer trabajo artístico de la historia que se creó en vivo durante una subasta.
Alex Branczik es Director de Arte Contemporáneo de Sothebys's Europa.

Maurizio Cattelan vendió *Comedian* por más de 100.000 euros (120.000 dólares).
Comedian consistía en un plátano pegado con cinta adhesiva a la pared.

David Datuna se comió el plátano de Cattellan durante la performance *Artista hambriento*.
Datuna dijo:
Adoro el trabajo de Maurizio Cattelan y la verdad es que me encanta esta instalación. Es muy deliciosa.

La fruta comida se sustituyó por otra –tal y como contemplaba su certificado de autenticidad.
Lo adquirido y valorado por los compradores no es la fruta, sino la idea.

Cattelan produjo tres inodoros de oro de 18 quilates con más de 100 kilogramos de peso a los que tituló: *America*.
En 2016, la escultura *America* fue expuesta en el Museo Solomon Guggenheim de Nueva York como pieza única.
Fue posible reservar por anticipado su uso.
Durante el periodo de exposición, varias decenas de miles de personas hicieran fila para usarlo.
Era la primera oportunidad (quizá única) de usar un baño que parecía destinado únicamente a multimillonarios.

El presidente Donald Trump solicitó el préstamo al museo de un cuadro de Van Gogh para colgarlo en la Casa Blanca durante su presidencia.
El Guggenheim le ofreció *America* al magnate estadounidense.

America es una versión *high cost* de la *Fontaine*.
En 2019, *America* viajó al Reino Unido para una exposición en el Palacio de Blenheim y allí fue robada.
Nadie supo nada más de *America*.

Marx describe la transformación de una cosa en una mercancía como un proceso mágico e impresionante a través del cual una cosa asume una vida propia como un 'fetiche'.
Karl Heinrich Marx, (dígase Carlos Enrique), fue filósofo, economista, sociólogo, periodista, intelectual y político.

Gompertz dijo:
el arte está en la idea, no en el objeto.

La artista Frida Kahlo dijo:
Nunca pinto sueños o pesadillas. Pinto mi propia realidad.

En CR se habla de 'falso histórico' cuando no existe correspondencia de identidad entre el estado de autenticidad anterior y posterior a la intervención.

Ronald D. Spencer cuenta que:
En 1987 la señora de Balkany pagó medio millón de libras esterlinas en una subasta en Christie's por un cuadro de Egon Schiele.
Seis años después, alegó en un pleito a Christie's por el precio de compra, que era falso.
El tribunal le dio la razón. El 94 % de la superficie del cuadro había sido pintada exhaustivamente por encima tras el fallecimiento de Schiele pero Christie's argumentó que, por mucho que se pintara por encima un cuadro no podía considerarse una falsificación, siempre y cuando el restaurador siguiera el diseño del artista original, reprodujera lo mejor posible los colores originales utilizados por el artista y el cuadro original fuera de Schiele.
Nada de lo que hiciera otra persona en estas circunstancias podría convertirlo en una falsificación.

Sin embargo, el restaurador había agregado las iniciales 'E' y 'S' en azul en la esquina izquierda y derecha, respectivamente del cuadro, y también había pintado por encima con color negro el monograma malva, que se podía ver con rayos X, de las iniciales 'E' y 'S' entrelazadas, pintado con toda seguridad por Schiele.
Esta pequeña añadidura y no el 94 % de repinte fue la responsable de la falsificación.
Lo primero tiene la intención de engañar (las iniciales no fueron pintadas por Schiele, son falsas), lo segundo no.

En 1986 Gerard van Bladeren agredió con un cuchillo a la pintura de Barnett Newman, *¿Quién teme al rojo, amarillo y azul III? (III)*, produciéndole varias rajaduras de importancia, en una acción-homenaje a Carel Willink, pintor del Realismo Mágico holandés y autor del libro *Pintura en una fase crítica* (1950), en el que hizo una clara apología contra el arte contemporáneo.
Van Bladeren no fue juzgado, ni condenado, así que el 21 de noviembre de 1997 volvió a atacar otra obra de Newman, *Cathedra;*
esa vez le tocó pagar una multa de 15.000 dólares y cumplir una pena de 2 años de prisión.
Curiosamente, algunos sectores de público no desaprobaron la acción; de hecho, la adquisición de *La voz del fuego* (1967) por parte de la National Gallery de Canadá produjo una explosión de críticas.
Un miembro del Parlamento dijo: "parece que con dos cubos de pintura roja y un rodillo ya está hecho el truco".

La artista Louise Bourgeois dijo:
El arte es una garantía de cordura.

Muñoz Viñas contó que:
El museo encargó la Restauración a Daniel Goldreyer, un profesional de Nueva York que transportó la pintura hasta su propio taller, donde permaneció hasta que, en agosto de 1991, la pintura fue devuelta al museo debidamente restaurada. Sin embargo, su trabajo levantó sospechas en medios especializados, que finalmente fueron confirmados: el historiador Van de Wetering denunció que el restaurador había pintado toda la superficie con un rodillo, ocultando las pinceladas de Newman, y los laboratorios judiciales holandeses, que gozan de amplia experiencia en el estudio de obras de arte, concluyeron que Goldreyer no había empleado pinturas al óleo como había hecho Newman, sino pinturas alquídicas como las que normalmente se usan para pintar paredes, puertas o muebles. El hecho es que aunque la práctica totalidad de los espectadores fueron incapaces de percibir la diferencia entre el óleo y la pintura alquídica, la difusión de esta historia hizo que la obra pasase a ser considerada como "un ser querido que ha quedado inválido"–en palabras del propio director del museo–, o como "una curiosidad con un triste pasado"–como se afirmaba en el diario NRC Handelsblad.

Se trata de un falso histórico con respecto a su historia, no respecto a la Historia.
En cualquier caso se ha cometido una falsificación porque ha habido una reestructuración;
se han alterado propiedades o atributos (causas formales y materiales; incluso eficientes) de la imagen por encima del umbral de discriminación; en definitiva de lo 'permisible' o 'aceptable'.

La falsificación, plagio o copia, se identifica de arriba hacia abajo (del nivel más alto al más bajo);
las identidades en los niveles más bajos disponen de menor entidad semántica y, por lo tanto, son más aceptables.
En este enfoque holístico las partes de más bajo nivel se estructuran en partes de más alto nivel y así sucesivamente hasta llegar al todo.
Cada parte, en un nivel dado, es un signo que se relaciona con otros signos, al mismo nivel, según las operaciones sígnicas: adjunción, iteración y superización.

El 'análisis de Morelli' se basa en la observación y estudio del 'gesto', pero es mucho más que eso.

Daniel Tubau cuenta que:
Giovanni Morelli publicó su obsesión por los pequeños detalles y los rasgos habitualmente menospreciados, en el libro *La obra de los maestros italianos* bajo la identidad falsa de Ivan Lermolieff, traducida del ruso por el igualmente falso traductor Giovanni Schwarze.
Morelli se ocultó tras dos identidades falsas quizá dentro del juego del tema que le ocupaba: descubrir los fraudes y las falsificaciones del arte.
Para Morelli, cualquier pintor más o menos dotado podía imitar el estilo de otro pintor, pero pocos eran capaces de imitar a la perfección los rasgos más insignificantes como las orejas, los pies o las manos.
Había que fijarse en los detalles a los que el pintor apenas había dado importancia, en todo aquello que dibujaba o pintaba de manera mecánica, casi inconsciente.

Morelli fijaba la importancia en los detalles insignificantes a los que el pintor no daba importancia, en lo que parecía un 'hábito', en el gesto involuntario, en las rarezas, en aquello que escapaba a su subconsciente y que, paradójicamente, reflejaba mucho más el sentido espiritual del artista, su alma, que en los grandes rasgos; porque estas formas (rasgos característicos, manías, patrones, etc.) no son accidentales sino que dependen de causas espirituales.

Tubau dijo:
La clave está en que no se trata de detalles sin importancia, sino que todos ellos esconden un significado: no son detalles, sino signos.

Según la Carta de Brasilia de 1995:
El significado de la palabra autenticidad está íntimamente ligado a la idea de verdad; es auténtico aquello que es verdadero, que se da por cierto, que no ofrece dudas.

José Antonio Marina dijo:
descubrir la verdad sería sencillo si cada evidencia nos diera a la vez información sobre su 'fuerza de evidencia', que es la que nos proporciona garantía.

Hasta el descubrimiento del primer cisne negro en 1697, en el Viejo Mundo todos los cisnes eran blancos.
Un solo cisne negro fue suficiente para falsear una verdad.
En el Nuevo Mundo, quizá, todos los cisnes no eran negros.

Einstein dijo:
El arte es la expresión de los más profundos pensamientos por el camino más sencillo.

La multiplicidad, no menos auténtica que la unicidad, es un concepto más cercano a la falsificación en una sociedad que ha refinado sobremanera las técnicas de la manipulación.
Lo falso es auténticamente falso.

Eco dijo:
La estética 'moderna' nos ha acostumbrado a reconocer como 'obras de arte' objetos que se presentan como 'únicos' (es decir, no-repetibles) y 'originales'. Por originalidad o innovación han entendido un procedimiento que pone en crisis nuestras expectativas, que nos ofrece una imagen diferente del mundo, que renueva estas experiencias. Griegos y romanos entendían por *techne* [el oficio] o *ars* la habilidad para construir objetos que funcionaran de modo perfecto y ordenado. También la estética moderna sabía que muchas obras de arte originales pueden producirse usando elementos prefabricados y 'seriales', por lo que de la serialidad podía nacer la originalidad.

El concepto de valor comparte con la verdad la carencia de su 'fuerza de evidencia', de la constatación.
El valor es, simplemente, atribuido; ya sea por la fuerza de una marca (museos, galerías, marchantes), la retórica de los agentes que manejan 'la mano invisible del arte' (comisarios, críticos, estetas, historiadores), la burbuja cultural que delinean los medios, el conocimiento-ignorancia del propio sujeto consumidor-receptor del arte; en definitiva, un complejo sistemas de fuerzas donde conviven valores lógicos (verdad-falsedad), estéticos (belleza-fealdad), éticos (bondad-maldad), mercantiles (baja-alza), etc.

El artista Wolf Vostell dijo:
Arte es vida, vida es arte.

Originalidad, autenticidad y unicidad, precursores al juego contemporáneo de 'remix': copia, transformación, combinación; se reflejan en un espejo que les devuelve sobre sí mismo una y otra vez.

Margolis dijo:
Nelson Goodman trata disyuntivamente lo autográfico y lo alográfico pero, basado en tal disyunción, se equivoca al sostener que no pueden existir ni falsificaciones musicales, ni falsificaciones literarias (en el sentido decisivo).

Muñoz Viñas dijo:
todos los objetos son auténticos, auténticos por el hecho de existir, tautológicamente auténticos. Lo que sí puede ser auténtico o falso es lo que los sujetos piensan sobre ellos, sus ideas, sus creencias, sus juicios: no los objetos, nunca los objetos, nunca la realidad –quizá no resulte trivial recordar que la realidad es, necesariamente y por definición, real–.

Eco dijo:
cuando hablamos de objeto falso es porque se ha producido una 'falsa identificación', o un 'malentendido perceptivo'. La idea de falsa identificación implica que algo no es falso a causa de sus propiedades internas, sino en virtud de su 'pretensión de identidad': la manera en que un sujeto pretende identificar un objeto; ese objeto no es falso a causa de sus propiedades internas, sino porque alguien pretende identificarlo de una manera que otros pueden considerar incorrecta.
Lo que es falso o verdadero es lo que piensan los sujetos, no los objetos, nunca los objetos, nunca la realidad.
No hay objetos intrínsecamente falsos, sino objetos mal identificados.

Dos cajas de estropajo Brillo no son lo mismo, dos tiburones no son lo mismo, dos indiscernibles no son lo mismo, las reacciones de identificación nos arrastran a pensar que una cosa es igual a otra, pero el significado, en cuanto depende, no solo del interpretante, sino del contexto, es abierto *per se*.

En 2018, el artista Bansky vendió en una subasta de Sotheby's *Girl with balloon* por 1,2 millones de euros.
Pocos instantes después, la obra, una copia sobre lienzo de uno de sus dibujos callejeros más, se autodestruyó ante la sorpresa mayúscula de todos los asistentes.

En el juego de Helguera (el MA como el juego intelectual de mayor sofisticación jamás inventado por el hombre) el arte es como una especie de ajedrez.
Si así fuera, gana la partida el que consigue dar jaque mate al director del museo, el rey; pero, en realidad, ¿es ese el verdadero objetivo del juego del arte?
Las acciones en el tablero se ajustan a los roles de las piezas con que juega Helguera, pero el juego del arte tiene más de monopoly que de ajedrez;
es, metafóricamente, un juego de economía cultural, de tráfico de valores.

Watzlawick dijo:
Supongamos que el juego es tal que cualquiera que lo comienza puede ganar siempre mediante un determinado y sencillo truco. Pero nadie se ha dado cuenta de ello y por tanto el juego continúa siendo un juego. Si ahora hay alguien que llama la atención sobre dicho truco, el juego deja de serlo.

¿Cómo he de considerar esto, para aclarármelo a sí mismo? –Ya que afirmo que 'el juego deja de serlo', y no 'y ahora vemos que no se trataba de un juego'. Ello significa que el otro no nos llamó la atención sobre algo, sino que nos enseñó un juego diferente, en lugar del nuestro. Pero ¿cómo puede el nuevo juego dejar obsoleto al juego anterior? Ahora vemos algo diferente y no podemos ya continuar jugando ingenuamente. Por una parte, el juego consistía en nuestras acciones (nuestro juego) en el tablero, y estas acciones las podría continuar realizando ahora igual que antes. Pero por otra parte era esencial para el juego que intentase ciegamente ganar, y ahora no puedo obrar ya de ese modo.

¿Cuál es el truco del sistema del arte?
¿Por qué no funciona la economía del arte como cualquier otra economía con sus altas y bajas?
¿Por qué los precios siempre suben?
¿Se trata de 'la historia de trasfondo' y el 'contexto del arte'?
¿Se trata realmente de que 'lo que vemos no es lo que vemos'?
¿Se trata de que el emperador va desnudo?

En 1961 Piero Manzoni, en la galería La Tartaruga de Roma, transformó al público en obras de arte firmando las esculturas vivientes y para que así quedase acreditado las autografió y les entregó un atestado de autenticidad.
Sobre cada persona Manzoni puso un timbre: *rojo*, si la persona era por entero una obra de arte y había quedado para siempre como tal; *amarillo*, si el mismo estatus fuese limitado a ciertas partes del cuerpo; *verde*, si vinculado a una actividad particular, como dormir; *púrpura*, si la artisticidad del cuerpo hubiese sido comprada.

Wittgenstein dijo:
Verdadero o falso es lo que los hombres dicen.

Umberto Eco dijo:
El gusto por la autenticidad a toda costa es el producto ideológico de una sociedad mercantil.

Lo extraño que parece refutar esta metáfora del juego de Helguera es que no solo alguien ha llamado la atención, no solo muchos se han dado cuenta de ello, sino que incluso hasta el análisis científico ha fracasado en ocasiones en la demostración de la autenticidad y ningún estudioso o *connoisseurship*, ni comité de autentificación, ni familiar de artista, ni artista a veces, es infalible a la hora de determinar la autenticidad de una obra.

En el supuesto juego del MA, se sabe perfectamente cuál es el truco pero, por alguna razón, el juego no ha dejado de serlo y se sigue jugando el mismo juego ingenuamente.
En la economía del arte lo importante no es la obra, sino la mercancía.
El certificado de autenticidad es solo el cupón que permite jugar.
En el ajedrez de Helguera el CR no tiene pieza; está fuera del juego y así debería ser.
Para el CR da lo mismo si se trata de un juego o no;
su rol es mantenerse fuera del juego.

Korzybski dijo:
No hay dos estudiantes de Hardvard, ni dos coches Ford, ni dos suegras, ni dos políticos, ni dos hojas de un mismo árbol, que sean idénticos en todos los aspectos.

Korzybski también dijo:
Las reacciones de identificación están determinadas por nuestros prejuicios; es decir, por reacciones de identificación anteriores.

Kahneman y Tversky dijeron:
Lo preocupante es que nuestro cerebro establece a menudo leyes a partir de una única observación.
Kahneman y Tversky estudiaron la manera en que hacemos predicciones sin contar con información suficiente y demostraron que incluso auténticos expertos pueden llegar a cometer gravísimos errores por sobrestimar la importancia de muestras pequeñas; tan pequeñas, dice Taleb, como una única observación.

Muños Viñas dijo:
Se CR para los sujetos, no para los objetos;
los objetos sirven a quienes los producen o los cuidan, y tienen los derechos que sus dueños o usuarios les conceden.

Los estados de autenticidad futuros de un objeto de arte son causa del estado de autenticidad presente;
el estado final después pasar por procesos de CR.
La definición del protoestado es muy importante;
es preciso tomar decisiones que comprometan lo menos posible tales estados de autenticidad futuros.

El protoestado es virtual.
El protoestado ideal es aquel que minimiza el riesgo y compromete lo menor en términos de las causas.
El protoestado ideal es antifrágil y evolutivo.

De Lao Tzu poco se sabe, incluso se duda de su existencia; pero se le atribuye a él esta cita en la que la esencia es mas útil que la apariencia:
Treinta radios convergen en el centro de una rueda, en torno a un agujero que le permite rodar.
La arcilla se modela en un recipiente para encerrar un vacío que puede llenarse.
En los muros se abren puertas y ventanas para permitir el acceso a su protección.
Aunque solo podemos trabajar con lo que está ahí, el uso viene de lo que no está ahí.

El protoestado es al objeto de CR, lo que el agujero del centro de la rueda a la rueda, el vacío del recipiente al recipiente, y las puertas y ventanas a los muros. En el todo está la lógica de la ausencia de un fin, del arte. En la nada está la lógica de la orientación a un fin, de la conservación.

Sócrates dijo:
El secreto del cambio es enfocar toda tu energía, no en la lucha contra lo viejo, sino en la construcción de lo nuevo.

John Perry dijo:
Una innovación solo tiene éxito cuando se ha convertido en un nuevo estándar.

McLuhan dijo:
La obsolescencia jamás supuso el fin de nada.
No es más que el principio.

Antón Pávlovich Chéjov dijo:
La obras de arte se dividen en dos categorías: las que me gustan y las que no me gustan. No conozco ningún otro criterio.

De la obra de Leonardo da Vinci *La última cena* (1499) solo permanece intacto el veinte por ciento de la pintura original. Pocos años después el estudio del artista realizó una copia sobre lienzo.
La copia ofrece una percepción más exacta de lo que Leonardo pintó en el XV que el original.
La copia, que algunos atribuyen a Andrea Solario, uno de los mejores discípulos de Leonardo, y otros al propio Da Vinci, se atribuye a un capricho del rey Luis XII de Francia.
Este conoció el fresco original de *La última cena* después de conquistar Milán.
El monarca se quedó prendado por la maestría de Leonardo y aunque deseaba llevarse la pintura a Francia, el hecho de que fuera un fresco frustró de inmediato ese deseo.
Así, decidió que quería una réplica del cuadro.
Necesitamos a Leonardo da Vinci, escribió en una carta de 1507, una fecha en la que parece que se realizó el encargo.

El verdadero objeto de la CR es el ruido.
La finalidad cardinal de la CR es, en definitiva, la substracción de ruido a la señal;
la ocultación de todo aquello que distraiga de la verdad.
La alteración produce ruido, la intervención lo elimina o atenúa, 'limpia' la señal.
El ruido es información que no forma parte de la intención del artista, que altera el valor simbólico de la obra.
La misión del CR es recuperar la señal del ruido.

Goya dijo:
El tiempo también pinta.

Chéjov fue cuentista, dramaturgo y médico.

El *Monumento a la tolerancia*, de Chillida, construido en el muelle de la Sal, junto al puente de Triana, en Sevilla, resultó tan dañado por el vandalismo y el abandono que el propio escultor pidió su destrucción.
Chillida quería que el hierro de su estructura se oxidase y se filtrase al exterior para darle al monumento un color característico;
sin embargo esto, más la agresividad del entorno (fundamentalmente el vandalismo; el lugar y desprotección la convirtieron en un urinario público al aire libre), terminaron por poner en riesgo extremo la obra.
Hubo que eliminar parte de la capa de hormigón de su estructura para limpiar la armadura metálica interior y posteriormente colocar una nueva capa de hormigón además de tomar las precauciones mínimas de seguridad del entorno.
Los errores costaron otros 12.000€.
¿Se trata del mismo *Monumento a la tolerancia*?

El ruido es también señal.

Abraham Moles dijo que:
no hay ninguna diferencia estructural entre las señales con valor estético y las perturbaciones o ruidos:
"señal y ruido son de una misma naturaleza, y la única diferencia lógica adecuada que se puede establecer entre ellos ha de basarse exclusivamente en el concepto de intención por parte del emisor: un ruido es una señal que no se tiene intención de transmitir".

Para el artista Jim Campbell el mosaico romano es el origen del pixel.

Viktor Mater-Schönberger y Kenneth Cuvier, en su libro *Big Data*, propusieron un neologismo al que llamaron 'datificación' para nombrar al proceso relacionado con la transcodificación dato-sema.
'Datificar' un fenómeno, según Mater-Schönberger y Cuvier, es plasmarlo en un formato cuantificado para que pueda ser tabulado y analizado.
La datificación fue posible gracias a Shannon.

Los datos sin datificar no son más que números.
Los números no hablan;
es preciso dotarles de significado.

La datificación genera una imagen virtual a partir de la imagen real;
una especie de mapa que representa con cierta fidelidad un territorio, un mapa con significado.
Cuando este mapa es mucho mayor que el territorio, es posible ver más allá de los límites del sistema perceptual.
La digitalización virtualiza la realidad tal como es y no tal y como queremos que sea; es una herramienta objetiva.
La datificación 'semantiza' la realidad.

La identificación es un problema de atribución de identidad.

Deacon dijo:
El proceso que llamamos interpretación es aquel que determina cuál es lo que importa, ya que debe 'elegir' un factor en la serie de causas y efectos que conduce a la ligadura reflejada en el medio señalizador.

Como pone de manifiesto la experiencia diaria, lo que es significativo y lo que no depende del contexto interpretativo. En contextos diferentes, y para intérpretes diferentes, el mismo signo o señal puede hacer referencia a cosas muy diferentes.

Taleb dijo:
Lo que vemos no es necesariamente todo lo que existe.
La interpretación comprende 'lo que se ve' y debe comprender también 'lo que no se ve'.

Galileo Galilei dijo:
Mide lo que se pueda medir, y lo que no se pueda medir, hazlo medible.
Galileo no necesita presentación.

Si la digitalización da una estructura sintáctica a la información de los estudios, la datificación produce una estructura semántica.
Información, en este contexto, es un conjunto organizado de datos procesados que constituyen un mensaje que cambia el estado de conocimiento.
Los datos sintácticos, a diferencia de los datos semánticos, aportan información carente de contenido;
como la tríada que define un píxel.

Digitalización y datificación no son lo mismo.

Bansky dijo que Picasso dijo:
el impulso de destruir también es un impulso creativo.
Nadie sabe quién es Bansky.
La obra *Girl with balloon* fue rebautizada como *Love is in the bin*.
Love is in the bin ha doblado el precio de *Girl with balloon*; supera los 2.000.000 de dólares.

Tómese, por ejemplo, un folio de *Don Quijote de la Mancha*. En este caso digitalizar es sinónimo de escanear: el folio real se convierte en una imagen digital que constituye una representación virtual del texto;
mientras que datificar es aplicar un programa de reconocimiento óptico de caracteres que identifique letras, palabras y párrafos, los organice como entidades con determinados atributos y los relacione con otras entidades.
El resultado final es texto (en su acepción natural) en lugar de imagen.
Texto que se puede consultar, clasificar, procesar mediante razonamiento inductivo, etc.
El texto constituye el contexto interpretativo semántico; aunque la interpretación del texto está abierta a múltiples posibilidades interpretativas.

Es fácil imaginar una obra de arte bidimensional como un mapa.
En definitiva ambas, la obra y el mapa, representan territorios; aunque unos sean naturales y otros puede que no.

Alfred Korzybski dijo:
la única utilidad de un mapa depende de la similitud entre el mundo real y el mapa.

José Pereira dijo:
La imagen científica debe ser fiel.
Una imagen es útil cuando satisface las expectativas de un sujeto.
José Pereira es CR.

La 'naturalidad' es el grado de correspondencia entre la imagen y el recuerdo que ese sujeto pueda tener de dicha escena u objeto;
corresponde a una experiencia subjetiva.
La 'fidelidad' es el grado de correspondencia entre la imagen y la escena u objetos originales;
corresponde a una evaluación objetiva, donde las experiencias o la utilidad particular no constituye una premisa.

El valor de la tríada que define un píxel es independiente de la percepción.

Para dotar a una imagen de una dimensión de evidencia, es preciso que la validez, en términos de fidelidad, sea probada o justificada a través de métodos susceptibles de enmarcar, de forma genérica, como control o gestión de calidad.
La gestión de calidad da información de la 'fuerza de evidencia' de cada evidencia y proporciona garantía;
permite descubrir la verdad.

Willard Van Orman Quine, trabajó durante décadas (desde principios de los años 30) en la definición de la ontología y, en particular, en tres grandes temas:

a. La propuesta ontológica. Todo lo que puede ser cuantificado existe.
b. La reducción ontológica. ¿Cómo reducir o sustituir una ontología por otra y cuál es la ontología más económica que puede obtenerse dado ciertos propósitos?).
c. El criterio de identidad. No existe entidad sin identidad.

Ontología es cálculo de nombres.
Una ontología es una definición de una serie de clases con atributos, relaciones, funciones, axiomas e instancias y un conjunto de relaciones entre dichas entidades.

La mereología estudia expresiones de clases y las relaciones entre las partes y el todo.
La mereología se define como una teoría formal de la inclusión (*parte de*, del inglés *parthood*), de la relación que existe entre dos individuos, x e y, cuando x es parte de y, simbolizada por el predicado binario P.
La condición de indiscernibilidad (*indiscernibility*) restringida establece que: $\forall x \forall y (x = y \rightarrow \forall P(P_x \leftrightarrow P_y)$;
léase, para todo x e y, $x = y$ implica que todos los predicados de x son predicados de y;
los componentes y la entidad compuesta comparten todas sus propiedades.
La condición de indiscerniblidad es fuerte si la indiscernibilidad de las propiedades definidoras o concomitantes por sí sola es suficiente para la identidad numérica.

Los CRs utilizan la 'entrevista al artista' como herramienta de documentación para la definición del protoestado (estado de autenticidad deseado o elegido).
Parece obvio que el artista es quien mejor conoce de su obra.
La entrevista al artista debe ser útil, objetiva, veraz.

Chéjov dijo:
El papel del artista es hacer preguntas, no responderlas.

En una entrevista el CR debe tener en cuenta, al menos, lo siguiente:

a. El CR no es ingeniero. El CR debe saber, incluso con mayor profundidad que el artista, acerca de las tecnologías involucradas en su obra; de lo contrario, no será capaz de detectar inconsistencias, errores o fallos.
b. El artista puede proporcionar información no verdadera. Puede mentir por desconocimiento o premeditamente; en definitiva, el artista es una persona, no un dios.
c. El artista no es CR. Puede conocer lo que hizo, pero esto no significa que conozca un sistema de 'maneras de hacer' más apropiadas para la CR.
d. El artista en el momento de la entrevista no es el mismo artista que en el momento en que produjo la obra.
e. Lo más importante de la entrevista es la calidad de la entrevista; ¿cómo debe ser una entrevista para que sea buena? ¿por qué una entrevista es mejor que otra?
f. Hay artistas que desprecian la profesión de CR.

Miguel Barceló, en una entrevista que publica Rosario Llamas Pacheco en su libro *Arte contemporáneo y restauración*, dijo:
Un restaurador no tiene que intervenir ante estas obras [se refiere a unas esculturas] a menos que sea para eliminar el polvo o algo parecido. Deben ir con mucho cuidado. Siempre dicen que están formados, siempre dicen que todo es reversible y, después, hacen unos desastres terribles. Nada, no hacer nada. Mirar, aprender. Los restauradores deberían dedicarse a los tatuajes o algo así. Los restauradores tendrían que hacer como en el arte conceptual, es decir, solo restauraciones verbales, no hacer nada.

Miguel Barceló es artista.
Rosario Llamas Pacheco es CR.

Los CR no siempre pueden decir, ni dicen, que todo es reversible;
ni hacen desastres terribles –aunque haya casos de desastres terribles;
ni juegan a ser artistas –aunque los haya artistas.

El objetivo fundamental de la entrevista al artista es capturar la identidad de una obra de arte.

La documentación es un proceso de congelación: la captura incompleta de un estado de autenticidad de la obra, el fotograma de un espacio-tiempo solo repetible artificialmente.
El archivo es el escenario que almacena estos cortes para que no se olviden, para que recuerden lo que una vez, en un lugar, fue o será.
La documentación es solo un punto de vista, un mapa que no puede superar el territorio, una sinécdoque, un fragmento.
El contenido del artefacto cultural llega al archivo para acabar de cumplir su promesa de inmortalidad, de eternidad.
Llega muerto.

Kramarik dijo:
El arte es una puerta oculta que puede cambiar las emociones de la gente.
Akiane Kramarik es poetisa, pintora y escritora.

Paul Klee dijo:
Un ojo ve, el otro siente.

Una obra de arte no es un documento de ella misma.
El documento de una obra de arte no es una obra de arte.

La documentación de la obra es un compendio de aspectos tangibles e intangibles, materiales e inmateriales, estructurales y aspectuales, concretos y abstractos, físicos y conceptuales.
La documentación es información acerca de información, datos acerca de datos; es *metainformación, metadatos*.
La documentación debe ser un medio cuaternario.
La documentación, en sí misma, es un sistema.

Más información no siempre es más conocimiento.
No es necesario ahogarse en un mar de información irrelevante, sino llegar a la mínima información relevante;
Es necesario evitar que una palabra sea una palabra de más y promover que cada palabra sea accesible.

John Maeda dijo:
La simplificación consiste en sustraer lo que es obvio y añadir lo específico.
John Maeda es fundador del Grupo de Computación y Estética del Medialab del MIT y Presidente de la Escuela de Diseño de Rhode Island.

El Departamento de Defensa de Estados Unidos (DoD, *United States Department of Defense*) comenzó a usar productos COTS en 1997;
desde entonces todos los productos comerciales son COTS.
El arte de los nuevos medios es producido con productos COTS.

La fragilidad de los productos COTS es superable mediante el empleo de estrategias antifrágiles como:

a. Integrabilidad: grado de universalidad en las interfaces de un sistema.
b. Flexibilidad: grado en que los atributos del sistema son parametrizables y adaptables.
c. Modularidad: grado en que los miembros de un sistema pueden ser separados y recombinados.
d. Escalabilidad: predisposición positiva a la ampliación para adaptarse a una cantidad creciente de trabajo de manera eficaz.

Otras estrategias relacionadas con las anteriores son:

e. Redundancia: grado de multiplicidad y abundancia de suplentes distribuidos.
f. Distribución: grado de conectividad de las partes.
g. Heterogeneidad: grado de diferencia de fabricación de las partes.
h. Normalización: grado de uso de estándares internacionales.

La evolutividad es la capacidad de cambio sin cambio.
Los sistemas antifrágiles son evolutivos por naturaleza.
Mantienen la unidad y finalidad del todo, por lo tanto, su identidad.

La obsolescencia tecnológica está relacionada con la devaluación de un producto debido al progreso tecnológico.
Los productos COTS son especialmente sensibles a la obsolescencia.
La desobediencia tecnológica se opone a la obsolescencia tecnológica; se adhiere a la sostenibilidad.
La sostenibilidad es una actitud ecológica.

Taleb dijo:
"La antifragilidad es más que resiliencia o robustez. Lo resiliente aguanta los choques y sigue igual; lo antifrágil mejora".
La 'antifragilidad' de Taleb se opone a la 'fragilidad'; término habitualmente opuesto a la 'robustez'.
Lo antifrágil es lo contrario de lo frágil.
Taleb escribió: *Antifrágil. Las cosas que se benefician del desorden.*
Todo lo que sale más beneficiado que perjudicado de sucesos aleatorios (o de ciertas crisis) es antifrágil.
La obsolescencia tecnológica es una crisis.

Han dijo:
"Quan [人權] remite tanto al potencial inherente a una situación como a un código que permanece igual independientemente de la situación o coyuntura. En el contexto de *quan* nada es definitivo".
La antifragilidad de Taleb es similar al concepto Quan del pensamiento chino que dijo Han: la capacidad de adaptación a situaciones variables y beneficiarse de ellas.

Es bueno que la Restauración sea resiliente, pero es imprescindible que sea antifrágil y evolutiva;
solo así es posible la permanencia a través del cambio.

La obsolescencia natural o 'planificada' de un producto COTS comienza durante la saturación del producto en el mercado;
Livingston definió las fases de un producto con una función con forma de campana;
por lo que se puede prever.

La saturación se alcanza justo después de alcanzar el pico de crecimiento.
La estadística denomina al tiempo de inicio de obsolescencia, 'tiempo de supervivencia'.
Henry Livingston escribió: *Diminishing manufacturing sources and material shortages (dmsms) management practices.*

El análisis de supervivencia que determina el tiempo de supervivencia o el tiempo de inicio de la obsolescencia es un tipo de análisis de fiabilidad.
La fiabilidad (*reliability* en inglés) se define como la probabilidad de que un dispositivo realice su función bajo determinadas condiciones de funcionamiento, durante un período de tiempo establecido.
El tiempo se supervivencia T es el fin del tiempo de vida establecido; actúa como un 'índice de obsolescencia'.
La función de supervivencia $S(t)$ se define como la probabilidad de que el evento de interés ocurra en un tiempo mayor a t; es decir $S(t) = P(T > t)$.
La función de supervivencia es complementaria a la función de fallo.
es decir: $S(t) = 1 - F(t)$.
La función de riesgo acumulado $H(t) = -\ln S(t)$;
de donde se deduce que $S(t) = \exp^{-H(t)}$.
t es tiempo.

La función de supervivencia permite responder preguntas tales como: ¿cuál es la probabilidad de que un producto COTS quede obsoleto en determinado tiempo desde su lanzamiento?

La función de riesgo permite responder preguntas tales como: ¿cuáles son los momentos de mayor riesgo que el producto COTS sea declarado obsoleto y por lo tanto quede descontinuado?
Entender y controlar la dinámica de la obsolescencia es fundamental para CR el arte de nuevos medios.
La obsolescencia no supone el fin de nada;
si la respuesta es antifrágil.

La obsolescencia programada o 'inducida' de un producto COTS comienza desde la introducción del producto en el mercado.
La obsolescencia programada es obscena, no sostenible y antiecológica;
cada vez es de menor duración.

Lozano-Hemmer dijo:
Uno de los enormes problemas de la conservación desde el punto de vista del artista es que casi todos los proyectos de conservación de arte electrónico que existen son proyectos necrofílicos. Casi de una especie de arqueología de los medios; es decir muchos de los proyectos, incluidos los de SFMOMA, los del Guggenheim (casi todos los proyectos tiene un programa- de conservación), son a posteriori (tú recibes estos elementos y luego intentas resucitar la pieza). Yo tengo la fortuna de tener 250 obras que tienen disco duro y que están funcionando en alguna parte del planeta. Cada uno de esos discos duros hace tic toc, tic toc, y un día se van a morir y me van a llamar por teléfono y la pregunta es cómo hacemos los artistas para resolver ese problema.

Rafael Lozano-Hemmer es artista.

La respuesta a la pregunta de Lozano-Hemmer es: produciendo obras antifrágiles y evolutivas;
es decir: beneficiándose del cambio.

Los artistas de nuevos medios ha menudo conviven con sus obras; son contemporáneos.
Los artistas de arte contemporáneo también.
Cuando un Museo de la administración adquiere una obra de arte esta se convierte, *de iure*, que no *de facto*, en Bien de Interés Cultural (BIC).
El artículo 9.4 del TÍTULO I. DE LA DECLARACIÓN DE BIENES DE INTERÉS CULTURAL de la Ley de protección del Patrimonio Histórico (LPHE) dice, literalmente:
No podrá ser declarada bien de interés cultural la obra de un autor vivo, salvo si existe una autorización expresa de su propietario o media su adquisición por la Administración.

Pero la mediación de la adquisición por la administración se da por defecto y las obras de los autores vivos son declaradas BIC sin ser, con exactitud y precisión, un BIC.

El 'museo del presente' es en realidad un 'museo del futuro', de historia anticipatoria, relegándose a la custodia y tutela de lo que Philip Fisher denominó 'pasado del futuro'; lo que parece en sí mismo una contradicción con toda la complejidad legal que supone.
Fisher escribió: *Future's Past*.

En el Artículo 39.3, la LPHE exige que:
Las restauraciones de los bienes a que se refiere el presente artículo respetarán las aportaciones de todas las épocas existentes.

La LPHE protege una historicidad de la que muchos BIC carecen.
Las obras de arte BIC de autores vivos carecen de historicidad.
La LPHE se opone a la CR del estado de autenticidad inicial.
La LPHE se opone al cambio; se debe proteger 'exactamente', lo que se adquiere.

Miguel Ángel representó en el *Juicio final* figuras desnudas que no solo no fueron del agrado del cardenal Gian Pietro Carafa, que llegó a acusarle de inmoralidad y obscenidad, sino que, mucho peor, le llevó a orquestar, junto con el embajador de Mantua Monseñor Sernini una campaña de censura conocida como la 'campaña de la hoja de parra' para borrar los frescos. El triunfo de la censura implicó el recubrimiento de los genitales del fresco por parte del artista Daniele da Volterra; a partir de entonces más conocido como 'Il Braguettone' ('El Pintacalzones').

El respeto a 'todas las épocas existentes' que exige la LPHE conlleva a priorizar, en el caso del *Juicio Final*, más que a la historia, a un chascarrillo histórico a cargo de 'Il Braguettone'; a no priorizar la gran obra maestra ejecutada por Michelangelo Buonarroti, un artista que no necesita presentación.

Michelangelo di Lodovico Buonarroti Simoni dijo:
La perfección no es cosa pequeña, pero está hecha de pequeñas cosas.

Si un Museo adquiriese el *Ecce Homo*, intervenido por la espontánea Cecilia Giménez, habría que preguntarse:
¿No es, en definitiva, una aportación de la época actual?
¿No es un aporte a la historicidad de la obra?
La pequeña pintura mural, pintada por Elías García Martínez tenía escaso valor económico y poca importancia artística; de hecho, ni siquiera era completamente original: estaba directamente inspirada en otro *Ecce Homo* de Guido Reni.
El desastre causado sobre una obra de segunda dio vida a un pueblo apenas conocido fuera de sus lindes.
¿No es eso acaso histórico?

La historicidad borra de cierta manera la historia porque la historia también cambia.
La historia es un relato que avanza del pasado hacia el futuro, no es única, es especulativa.

Arthur Koestler y Alfred Lessing dijeron que:
solo la confusión y el esnobismo podrían subyacer en el rechazo de una falsificación; simplemente, es un acto de hipocrecía y esnobismo.
Si un interpretante no puede diferenciar entre dos objetos estéticos, es que no hay ninguna diferencia entre ellos.

Peter Barry dijo:
La experiencia del arte es subjetiva; lo único que cambia realmente cuando descubrimos una falsificación es nuestra propia experiencia subjetiva. Solo entonces la obra pierde valor. Atribuimos a la versión original o autenticada una importancia excesiva basada en un estado o una sensación casi inconsciente de sobrecogimiento y magia.

Muchas personas deciden sobre la belleza de las cosas en función del precio que cuestan. Las cosas caras se asocian con el poder, la fama, el respeto y la admiración. El coste despierta las emociones que se transmiten después a la obra de arte y contribuyen a las actitudes estéticas.
Arthur Koestler, Alfred Lessing y Peter Barry son autores citado por Lluís Peñuelas.

Groys dijo:
El *copyright* protege el derecho de los individuos a bloquear el flujo de la información.

Los artistas están protegidos por la Ley de la Propiedad Intelectual (LPI).
Hoy día Duchamp habría tenido problemas con los garantes de la LPI por la apropiación del urinario;
cualquiera tendría problemas con el uso de las imágenes del urinario.
Las relaciones de propiedad, cuando se trata de 'ideas', son rocambolescas.

La extensión de la propiedad intelectual tiene la edad de Micky Mouse.
Disney hizo un amplio uso del dominio público;
Blancanieves, Pinocho y Alicia en el país de las Maravillas eran historias del dominio público.
Cuando los derechos de autor de las primeras películas de Disney comenzaron a expirar, presionaron para que el plazo del *copyright* fuera extendido.
Lo consiguieron.

Ferguson dijo:
Cuando copiamos lo justificamos. Cuando los demás copian lo consideramos algo vil.
Kirby Ferguson es autor de *Everything is a remix*.

La LPI se ha convertido en un modelo de negocio;
existen empresas, que no solo no producen nada, sino que adquieren una biblioteca de derechos de propiedad intelectual y a continuación criminalizan, persiguen y litigan para obtener beneficios.
En 1790 la ley de copyright de Estados Unidos establecía un tiempo de protección máximo de 14 años, en 1831 se amplió a 28 años, en 1976 al tiempo de vida del autor más 50 años (75 años para las empresas *corporate authorship*), en 1998 a la vida del autor más 70 años (120 años para las empresas).
La Copyright Term Extension Act (CTEA) de 1998 –conocida también como Sonny Bono Copyright Term Extension Act o Sonny Bono Act– se le conoce, peyorativamente, como la Mickey Mouse Protection Act.

La LPI y la LPHE pueden colisionar aunque se repelen.
El derecho de autor protege la forma en que se expresan las ideas y no ideas ni simples hechos.
La LPI reconoce como autor, en el Art. 5.1, a la persona natural que crea [y ejecuta, atentiendo a la LPI integrada] alguna obra artística.
Los objetos seriados, pese a su originalidad y autoría, no son considerados obras de arte originales *per se*.

Michelangelo dijo:
La buena pintura es del tipo que se parece a la escultura.

En 2008, el Museo adquirió la obra realizada por Marcel Broodthaers en 1966 *Panel con huevos y taburete*.
La obra incorpora cáscaras de huevo pegadas sobre la superficie de un lienzo;
es una burla irónica del origen histórico de la pintura (al temple o, lo que es lo mismo, al huevo).
El equipo de CR del Reina Sofía encontró la obra en un frágil estado de conservación y un gran dilema:

a. Conservar (respetando el devenir de la obra, la 'historicidad').
b. Reponer (continuando la intención de Broodthaers).

¿Qué hacer?, fue la cuestión.

Panel con huevos y taburete es una obra frágil.
Los herederos de Broodthaers apuestan por el reemplazo de los huevos;
en definitiva, se trata de una obra procesual en la que el huevo en sí no juega ningún rol.
Los CR apuestan por dejarla tal y como está (mínima intervención) porque, cuando la obra se convirtió en BIC, en el momento de su adquisición en 2008, ya tenía una ausencia importante de huevos.
Los herederos están protegidos por la LPI.
Los CR están protegidos por la LPHE.
¿Qué es lo que pone en cuestionamiento el número de huevos?
La autenticidad, no la identidad.

Broodthaers seguirá riendo en su tumba recordando sus huevos.

```
10 PRINT CHR$(205.5+RND(1)); : GOTO 10
```

es código escrito en lenguaje BASIC;
código generativo que produce arte.

En 2019 la casa Sotheby's subastó por más de 46.000 euros *Memories of Passersby I*, una obra de arte realizada por un programa de Inteligencia Artificial (IA) capaz de pintar retratos de personas que nunca habían existido.

Mario Klingemann dijo:
aún no estoy del todo satisfecho con el resultado.
Klingemann es el artista que programó la máquina de IA;
Le llamaré: 'la máquina de hacer arte'.

Dicen que el Reina Sofía compró *Panel con huevos y taburete* a un amigo de Broodthaers; que este incluyó el taburete para reemplazar los huevos que caían de *Panel con huevos*.

El arte de los nuevos medios se produce y reproduce en el mundo del arte casi siempre oculto, provocando sospecha a la par de fascinación.

Las esculturas de luz de Dan Flavin, son famosas por el empleo de luces fluorescentes corrientes como instrumentos artísticos.
Solo existían ocho colores estándar de tubos;
el color cereza rojo profundo dejó de comercializarse –la exposición a un pigmento tóxico que revestía el interior del tubo representaba un peligro laboral para quienes lo fabricaban.
¿Qué hacer con las obras de Flavin que incluyan color cereza rojo profundo?

Algunos de los principios básicos que podrían ayudar a replantear la permanencia a través del cambio:

a. Mutación: modificación en las partes que repercute en el todo.
b. Adaptación: el todo sobrevive a la selección natural por la adaptación evolutiva de sus partes.
c. Evolución: la adaptación solo es posible si no todas sus partes aparecen y desaparecen al mismo tiempo, sino que coetáneamente surgen unas y desaparecen otras; predominando así lo uno o lo otro, el crecimiento o la extinción.
d. Versionado: método que consiste en añadir subíndices en los términos empleados para así librarse de la idea de identificar cosas que, aunque lo parezcan, no son idénticas sino indiscernibles; copias autorizadas.

Los tubos de Flavin son COTS.

David Lowenthal dijo:

La permanencia es una ilusión.

Lo que se restaura, como lo que se recuerda, no es ni una verdad ni un vestigio estable de una realidad pasada.

El pasado se usa mejor domesticándole.

Lowenthal es historiador de arte.

Philip Ward dijo que los museos cumplen cinco funciones básicas:

a. Coleccionar
b. Conservar
c. Investigar
d. Exhibir
e. Interpretar

a lo que habría que añadir una sexta:

f. Enseñar

Philip Ward escribió para The Getty Conservation Institute: *La conservación del patrimonio: carrera contra reloj*.

Las obras de *net.art* no necesitan del Museo.

El artista Vuk Cosic, en 1997, decidió descargar la web de *net.art* entera de la documenta X de Kassel y 'colgarla' en otro servidor.

La organización anunció que eliminaría el sitio web al terminar el evento y Cosic se adelantó al acontecimiento.

La organización, después de su acción, podía en efecto eliminar su servidor y borrar toda la información, pero no las obras, que podían seguir exhibiéndose desde otro servidor como si nada hubiera cambiado: solo el enlace de acceso.

¿Seguirían siendo las mismas obras de documenta X de Kassel después de este cambio?
¿Forman parte de Kassel o de una segunda Kassel?

En los departamentos de CR de los Museos no hay ingenieros, sino químicos y CR.
Boris Groys les llama 'sepultureros'.
Si los CR son sepultureros, los marchantes y coleccionistas son una suerte de 'traficantes' de cadáveres.
¿Quién es el 'asesino'?
¿Son los asesinos quiénes deciden que un objeto se convierte en un objeto de arte, en BIC?
¿Es el propio artista el encargado de producir objetos muertas?
Según Groys el asesinato es el acto de reconocimiento oficial.

El artista produce objetos más o menos conservables,
los conservadores necesitan exhibirlos,
los documentalistas necesitan archivarlos,
los restauradores necesitan mantenerlos,
el archivo necesita certificarlos,
el museo prohíbe que se repitan.
Todos los agentes del MA se necesitan para que el objeto de arte 'brille' para la posteridad.

Klingemann dijo:
No quiero decir que la tecnología sea un dios, pero como un dios no sabemos qué quiere, y buscamos una respuesta de ella. Por eso tenemos que arrodillarnos ante ella para obtener esa respuesta. Y lo interesante es que ella tampoco sabe lo que hace, solo produce estas islas de significado en este mar de entropía.

Elemental, aunque no tan elemental:

a. Una producción artística frágil produce objetos difícilmente conservables o directamente no conservables.
b. Lo que nace con carácter efímero debe tener una muerte natural y digna.
c. La documentación no es la obra, sino una sinécdoque de la obra. La documentación que reemplaza la obra es un fetiche o hetiche (según prefiera).
d. El conservador debe exhibir la obra de manera tal que no perjudique su conservabilidad.
e. La CR es cosa de CR, no de artistas.
f. Poner obstáculos en aras de la autenticidad es una práctica anti-conservativa.
g. Si el artista no está interesado en que su obra se conserve debe dejarlo claro; ahorraría una gran cantidad de conflictos y dolores de cabeza. Puede que la autenticidad no esté en el objeto sino en el proceso.
h. Las justificaciones, razones, reivindicaciones, deben ser objetivas. Lo subjetivo es un laberinto; se puede recorrer de muchas maneras, pero es imposible salir de él.
i. Los CR deben averiguar todo lo que es 'necesario' saber acerca de la conservación de un obra en el momento de la adquisición, no después.
j. El estado de conservación de la obra influye en el valor de la obra pero es, quizá, el vector axiológico más débil. No se conserva para especular sino para generar conocimiento, para educar, para transmitir objetos culturales del pasado al futuro.
k. La Restauración cuesta esfuerzo y recursos. En palabras de Zygmunt Bauman, la muerte es un hecho que viene dado; la inmortalidad ha de fabricarse, y una vez fabricada debe ser preservada día tras día.

l. Ninguno debe tomar decisiones que vayan más allá de sus conocimientos ni acometer tareas que superen sus habilidades.
m. Todos tienen la razón, pero todos pueden estar equivocados. Todos necesitan de todos.

Heráclito de Efeso dijo:
Nada es permanente excepto el cambio.

Vinton Cerf dijo:
cuando el hardware y el software actual se vuelva obsoleto, podríamos entrar en lo que denomina 'la era oscura digital', en la que las futuras generaciones no tendrían registro alguno del siglo XXI.
¿Y si un día desaparecieran todos los documentos e imágenes que hemos ido guardando en las computadoras durante décadas?
Vinton Cerf es vicepresidente de Google; considerado conjuntamente con Tim Berners-Lee, Larry Roberts y Robert Kahn, uno de los 'padres' de Internet.

Nuestra vida, nuestros recuerdos, las fotografías familiares más preciadas, son en la mayoría de los casos unos cuantos bits de información almacenados en nuestras computadoras o en 'la nube', los servidores permanentes de Internet que permiten guardar información;
pero como la tecnología avanza sin parar, existe el riesgo de que todos esos datos se pierdan en los márgenes de la revolución digital.
El desarrollo para vivir mejor extinguirá la memoria y, de paso, detendrá las fábricas y las calles y el transporte; tal es la dependencia de la vida de las tecnologías digitales.

La noticia de Cerf, no es noticia.
Es noticia la solución que propone:
"La solución es retratar con rayos X el contenido, la aplicación y el sistema operativo, y guardarlo todo junto a la descripción de la máquina en la que se ejecutan. Esa especie de fotografía digital recreará el pasado en el futuro.
La clave aquí es que, cuando mueves los bits de un sitio otro, aún sabrás cómo desembalarlos para interpretar las diferentes partes correctamente. Esto será posible si estandarizamos las descripciones. El asunto central aquí es: cómo asegurar que en un futuro lejano estos estándares se sigan conociendo y que se pueda interpretar las fotografías de rayos X construidas con cuidado".

La 'clave de Cerf' no es nueva;
de hecho, ya ha podido leerla antes si ha seguido la lectura de este libro en riguroso orden secuencial.
Para que pueda continuar sin problemas, lo mencionaré de nuevo: la clave es antifragilidad y evolutividad.

¿Cómo debería ser la máquina ideal para conseguir estos objetivos?
Turing le llamó 'máquina universal'.
Le llamaré: 'la máquina de hacer máquinas'.
Ambas máquinas no son la misma.
La primera es teórica, la segunda es práctica.

La máquina de hacer máquinas se alimentaría de información (datos y metadatos fotografiados por los rayos X de Cerf) y produciría, con la tecnología disponible en el momento de producción, la máquina responsable de consumir, procesar, almacenar y producir información.

Recuerde: la información es IMPERECEDERA.
La máquina (el soporte), producida por la máquina de las máquinas, es perecedera, pero independiente de la tecnología; se construye cada vez con la tecnología disponible.
La obsolescencia ya no sería un problema.
La memoria estaría a salvo.
Las obras de arte de nuevos medios estarían a salvo.

Giuseppe Tomasi di Lampedusa en el *El gatopardo*, dijo en boca del personaje de Tancredi:
"Si queremos que todo siga como está, necesitamos que todo cambie".

Esa es precisamente la cuestión:
la máquina debe cambiar, debe ser reconstruida una y otra vez, para poder seguir haciendo lo mismo.
El cuerpo humano lo hace;
se renueva completamente cada 7 o 10 años.
El biólogo Jonas Frisén pudo comprobarlo.

La información que resulta del retrato con rayos X del contenido, la aplicación y el sistema operativo, etc., de Cerf no es más que documentación (resultado de documentar);
transformación (transcodificación) en información digital de todo lo que se quiere preservar;
esa especie de fotografía digital permitirá recrear el pasado en el futuro.

Damien Hirst dijo que:
los NFT son como 'la invención del papel'.

Alan Turing fue matemático, lógico, informático teórico, criptógrafo, filósofo y biólogo teórico.

La incertidumbre es parte del 'negocio'; no cambiará. Mientras no exista la 'máquina de hacer máquinas' es preciso predecir, planificar y gestionar el cambio manualmente. Tecnología es incertidumbre.

Maurizio Cattelan dijo:
Yo no dibujo, ni pinto. No toco mis obras absolutamente nunca.

Damien Hirst dijo:
No me gusta la idea de que una obra tiene que ejecutarla un artista. Es una idea anticuada. Los arquitectos no construyen ellos mismos sus casas. Prefiero pagar a mis asistentes. Ellos lo hacen mejor. Yo me aburro, me impaciento.

Michael Petry, en su libro *El arte de no hacerlo*, afirma que criticar a un artista por no crear las obras con sus propias manos es "borrar todo un siglo de arte contemporáneo".

Codificar es simple.
Codificar bien es complejo.
Codificar antifrágil es singular.

Pablo Picasso dijo: Todo niño es un artista, lo difícil es seguir siendo artista cuando uno crece.

Plagiar a los ingeniosos es un juego divertido.

Bronislav Deresz dijo:
La verdadera diferencia entre la vanguardia y la tradición consiste en que los vanguardistas han encontrado en sus teorías una excusa para huir del trabajo real y escapar al deber de perfeccionamiento que debe ser la guía de todo artista.
Deresz fue artista.

Tubau dijo:
No es lo mismo descubrir un territorio que recorrerlo cuando ya ha sido descubierto;
cuando existe un mapa.

Malevich no pintó *Luz* de Deresz.
Deresz no pintó *Cuadrado negro* de Malevich.
No tenían la misma técnica.
La obra de Deresz ha resistido mejor el paso del tiempo que la de Malevich.

Chuck Close dijo:
La inspiración es para los aficionados; el resto de nosotros solo la conseguimos trabajando.
Chuck Close fue artista.

Picasso dijo:
Cuando llegue la inspiración, que me encuentre trabajando. No tengo ideas. Las ideas son simplemente puntos de partida. Pocas veces puedo crearlas tal como vienen a mi mente. Tan pronto como empiezo a trabajar, otras [ideas] brotan de mi pluma. Para saber lo que vas a dibujar, lo que tienes es que empezar a dibujar.

Anthony Hecht dijo:
La poesía es todo lo que la poesía ha sido, con cualquier invención nueva que un nuevo poeta pueda añadirle. Pero no puedo añadir nada sin conocer lo que ha sido. La poesía depende de toda la tradición poética del pasado.
Hecht fue poeta.
Cambiar el término 'poesía' por arte en la frase de Hecht no cambia nada.

José Antonio Marina dijo en su libro *Elogio y refutación del ingenio*:
Viviendo en la cultura del 'hágaselo usted mismo', el artista no podía depender de la educación recibida. Las técnicas tienen que ser de usar y tirar. Este desprecio de la técnica caracteriza al ingenio, que resuelve los problemas sin acudir a saberes esotéricos. Le bastan los materiales al alcance de todos. Su vocación es el bricolage.
Las técnicas no han sido abolidas: han sido sustituidas por técnicas privadas, unipersonales, por idiolectos, que cada artista inventa y agota. Todo puede ser técnica, luego nada es verdaderamente técnica.

Avelina Lésper dijo:
El artista *ready-made* toca todas las áreas, y todas con poca profesionalidad.
Los artistas hacen cosas extraordinarias y demuestran en cada trabajo su condición de creadores, ni Damian Hirst, ni Gabriel Orozco, ni Teresa Margollés, ni la inmensa lista de gente que crece son artistas, y esto no lo digo yo, lo dicen sus obras.
La carencia de rigor ha permitido que el vacío de creación, la ocurrencia, la falta de inteligencia sean los valores de este falso arte, y que cualquier cosa se muestre en los museos.

Cualquier cosa de un artista VIP que adquieran los museos se convierte en BIC.

Castro dijo:
Hemos encontrado el fin de la ilusión estética.

Marina dijo:
Los artistas plásticos han incorporado a su arte todas las acciones que se pueden infligir a un objeto: chorrearlo de pintura, empaquetarlo, amontonarlo, pegarlo, despegarlo, rascarlo, prensarlo, ahumarlo, sembrarlo de bacterias, apuñalarlo, acribillarlo, quemarlo, sellarlo y plastificarlo. No son ingeniosidades mías, y bien que lo siento. Son páginas de la historia artística de nuestro siglo y en cualquier enciclopedia de arte moderno encontrará el lector los nombres técnicos: *dripping*, *empaquetage*, *assemblage*, *collage*, *decollage*, *gratage*, *fumage*, etcétera, etcétera, etcétera.
El proceso que ha conducido al grado cero del arte es un asombroso despliegue lógico de la noción de ingenio.

Ai Weiwei en su obra *Dropping a Han Dynasty Urn* (*Dejar caer un jarrón de la dinastía Han*), de 1995, captura el momento en que deja caer un jarrón, datado entre el 206 y el 220 de antes de nuestra era (más de 2.000 años de antigüedad), para romperlo.
La fotografía se muestra con una serie de jarrones Han sin romper, los *Coloured Vases* (*Floreros coloreados*), que ha sumergido en pinturas de colores vivos.
Weiwei dijo que:
la intención del gesto de romper el jarrón era crear algo nuevo destruyendo lo viejo, una crítica de la destrucción de la rica historia cultural china, su memoria colectiva, por parte del gobierno.

Broodthaers tuvo su propio museo en 1968: *Musée d'Art Moderne. Section XIXème Siècle Département des Aigles.*

En 2014 el espontáneo y artista Máximo Caminero hizo lo mismo en el Pérez Art Museum de Miami, Florida: rompió un jarrón decorado por el artista chino AiWeiwei, valorado ahora en un millón de dólares, para protestar contra la política del museo de acoger en su mayoría a artistas extranjeros.
Weiwei no le dio importancia.

Los responsables del Pérez Art Museum de Miami, Florida, dijeron:
Aunque el museo no puede hablar directamente de sus intenciones, las evidencias sugieren que este ha sido un acto premeditado. Como un museo dedicado a homenajear a artistas modernos y contemporáneos del mundo y de nuestra comunidad, tenemos el máximo respeto a la libertad de expresión, pero este acto destructivo es vandalismo y una falta de respeto a otro artista y su trabajo, al Pérez Art Museum y a nuestra comunidad.

Todo ha sido destruido.
Se exponen las ruinas.
Castro dijo:
Hemos encontrado el fin de la ilusión estética.

Tristan Tzara quizo destruir los museos.
Tristan Tzara está muerto.
Los museos siguen vivos exponiendo las ruinas, las muertes del arte.

Damien Hirts dijo:
La Mona Lisa debe de costar como 15 libras hacerla, pero se acepta que vale billones, que no tiene precio. No sé por qué.

Csikszentmihaly dijo:
La creatividad es un sistema compuesto por tres elementos: una cultura que contiene reglas simbólicas, una persona que aporta novedad al campo simbólico y un ámbito de expertos que reconocen y validan la innovación.

Klingemann dijo:
La Fuente de Duchamp redefinió el concepto de arte y es el inicio de un nuevo tipo de creación que ya no consistía en reproducir bellas imágenes. Así que la cuestión es: ¿esa regla se puede romper otra vez o no?

Cultura, artista, MA.
El arte del arte.

El poeta latino Lucrecio dijo:
Nada nace de la nada.
Eso dicen.

Groys dijo:
Para ser realmente nueva, una obra de arte no debe repetir las viejas diferencias entre los objetos de arte y las cosas ordinarias. Mediante la repetición de estas diferencias, solo es posible crear obras de arte diferentes, no obras de arte nuevas. La obra de arte nueva parece realmente nueva y viva solo si se parece, en cierto sentido, a las demás cosas ordinarias y profanas o a cualquier otro producto ordinario de la cultura popular.

Kierkegaard dijo:
Ser nuevo en ningún caso significa lo mismo que ser diferente.
Sören Kierkegaard fue filósofo.

Una cierta diferencia se reconoce como tal tan solo porque ya tenemos la capacidad de reconocer e identificar esa diferencia como diferencia.
Ninguna diferencia puede ser nueva en ningún momento porque si fuera realmente nueva no podría ser reconocida como diferencia.
Cualquier innovación se produce con las mismas piezas.

Mark twain dijo:
Noventa y nueve partes de todas las cosas que proceden del intelecto son, pura y simplemente, plagios; y la lección debería hacernos modestos. Pero nada podemos hacer.

Dalí dijo:
Los que no quieren imitar algo, producen nada.

François Jacob dijo:
la evolución utiliza lo que está disponible, lo alarga, lo modifica, lo corta y reproduce algo nuevo sin intención.
Stephen Wolfram denominó principio de la equivalencia computacional a esta fórmula de bricolaje evolutivo de Jacob.
`Creatividad = Copiar + Transformar + Combinar + Ruido.`

Gompertz dijo:
La originalidad no es sino una imitación juiciosa.

Jean-Luc Godard dijo:
No es de dónde sacas las cosas, sino adónde las llevas.

Broodthaers se pronuncia 'Brotars'.

A Picasso se le atribuye la frase: "Los buenos artistas copian, los grandes artistas roban".
En realidad la frase no es suya, Picasso la robó a Voltaire.

Gompertz dijo:
Copiar requiere cierta habilidad pero ninguna imaginación. No es necesaria creatividad alguna; por eso a las máquinas se les da bien. Robar es harina de otro costal. Robar es poseer. Y tomar posesión de algo es una cuestión mucho más profunda: el objeto se convierte en tu responsabilidad y su futuro queda en tus manos.

El tiempo pinta y también despinta.
No hay creación sin destrucción.

Para Groys la teología y la filosofía, ambas, se ocupan de la pregunta por la verdad.
La diferencia entre ambas estriba en su relación con la verdad.
La filosofía, por definición el amor a la verdad, aspira a la verdad, pero no la posee; presupone la ausencia real de la verdad, de la sabiduría, de la sofía.
La teología supone, por el contrario, que la verdad ya se ha mostrado, revelado y proclamado.
El trabajo del filósofo, en consecuencia, consiste en producir verdades, mientras que el del teólogo consiste en reproducir verdades.

La acción del archivo es absolutamente teológica; trabaja para el recuerdo, frente a la fuerza del olvido.

¿Hasta qué punto la copia es una copia y no un original?
¿Son copias las *Warhol Flowers*, o las *Warhol Marylin*, de Elaine Sturtevant o son originales?
Si no es posible justificar que los 'auténticos' Warhol, son Warhol, ¿cómo es posible estar tan seguros de la diferencia entre original y copia?
¿Cómo es posible diferenciar producción de reproducción?

Lozano-Hemmer dijo:
La mejor forma de conservar tu obra es abrirla al público, abrirla a los artistas futuros. ¿Por qué? porque entonces estas obras se van a convertir en parte de la creación de otros y más y más gente va a poder acceder a los códigos fuentes que van a poder hacerla mantener. De tal modo que cuando yo fallezca o mis ingenieros ya no estén disponibles va a haber un grupo más grande de gente que puede restablecer esa pieza en su forma.

El arte de los nuevos no necesita congeladores, sino 'máquinas de hacer máquinas'.

Goodman dijo:
El arte alográfico no se ha emancipado a fuerza de reivindicación sino de notación.
Nelson Goodman fue filósofo.

Un sistema de notación es un sistema de signos convencionales que se adopta, en las ciencias y en las artes, para expresar conceptos, entidades, procesos, hechos o relaciones.
El diseño de un sistema de notación es un problema de minimización/compromiso, dimensión/expresividad de sus símbolos.

Un sistema de notación debe satisfacer cinco requisitos definidos por Goodman: la no-ambigüedad y la disyunción y diferenciación sintáctica y semántica.
Una menor cantidad de símbolos facilita la legibilidad en detrimento de la expresividad mientras que, en sentido contrario, es posible conseguir cualquier nivel de detalle, favoreciendo la adaptación a las nuevas realidades, a cambio de mayor confusión [ilegibilidad] y dificultad de aprendizaje.
La situación ideal consigue el balance adecuado que permite al artista expresar sus ideas con facilidad y sin restricciones dentro de los límites del consenso.

Taleb dijo:
Lo grande es feo... y frágil.

Nabokov dijo:
El futuro no es más que el inverso de lo obsoleto.
Vladímir Nabokov fue escritor, traductor, entomólogo y académico.

La permanencia a través del cambio está relacionada con la filosofía oriental *kaisen* [改善];
kai significa cambio;
zen significa mejora.

Sin cambio lo frágil seguirá siendo frágil.

Paul Valéry dijo:
El problema de nuestros tiempos es que el futuro ya no es lo que era.
Paul Valéry fue escritor, poeta, ensayista y filósofo.

El entrenador de béisbol Yogi Berra dijo:
El futuro no es lo que solía ser.

John Gray dijo:
La fe en el progreso es el Prozac de las clases pensantes.
John N. Gray es teórico y filósofo de ciencias políticas.

Einstein hizo llamar con urgencia a Peter Hulit, un zapatero de Princeton (New Jersey), a finales de 1952, para ayudarle a resolver un problema: le dolían los pies.
Al llegar a su casa, Einstein le entregó un trozo de papel con dibujos y anotaciones y le dijo:
Este es el problema.
Hulit le midió los pies y resolvió su problema:
necesitaba unos zapatos más grandes.
El zapato perfecto de Einstein corresponde precisamente al zapato con una talla mayor.

Los caminos demasiado largos pueden ser tan largos que no nos conduzcan a ninguna parte y los demasiado cortos, pueden ser tan cortos que no nos lleven a donde queremos.
El principio de Ockham (la navaja de Ockham) aconseja que: en igualdad de condiciones, la explicación más sencilla suele ser la correcta.
Lo perfecto es enemigo de lo bueno.

Michelangelo dijo:
La belleza es la purgación de lo superfluo.

Dicen que dijo:
David estaba dentro de ese bloque.Yo tan sólo quité lo que sobraba.

Existen mil modos de identificar mal un problema; quizá haya más modos de identificar mal que modos de identificar bien.
Es posible no ver un problema cuando existe; intentar una solución negando que un problema lo sea en realidad.
Es preciso actuar pero no se emprende tal acción sino otra.

Es posible ver una solución donde no la hay; intentar un cambio para eliminar una dificultad que desde el punto de vista práctico es inmodificable o bien inexistente.
Se emprende una acción cuando no se debería emprender.
Se conoce como 'síndrome de la utopía'.
Utopía significa ninguna parte.

Robert Ardrey dijo:
Mientras perseguimos lo inalcanzable hacemos imposible lo realizable.
Ardrey fue dramaturgo, escritor y guionista de cine.

Todo es susceptible de ser mejor, pero si algo puede ser peor lo será.
Se conoce como 'Ley de Murphy'.

Terrence W. Deacon dijo:
Si la única herramienta que uno tiene es un martillo tenderá a tratar todo como un clavo.

Tubau dijo:
El conocimiento intuitivo [al igual que las reacciones de identificación] se basa casi por completo en los prejuicios: en realidad lo que hacemos es conectar la poca información que tenemos [al menos incompleta] acerca de [algo] con los prejuicios acerca de ciertos rasgos aparentes que [ese algo] posee.

Bauman dijo:
La idea de un estado fijo, inmóvil, final y permanente nos parece tan extraña y absurda como la imagen de un viento que no sopla, un río que fluye, una lluvia que no cae.
En la vida feliz de la postmodernidad cada uno de sus momentos dura solo un rato hasta que llegue el próximo: y ningún umbral debería quedar cerrado una vez cruzado.

El museo no se dedica al pasado, sino al futuro.
Northrop Frye dijo:
El espejo retrovisor es nuestra única bola de cristal –no hay más guía del futuro que la analogía con el pasado.
Northrop Frye fue teórico y crítico literario.

No pain, no change se suele traducir como *quien algo quiere, algo le cuesta*;
significa *sin dolor no hay cambio.*

Acepta el cambio como inevitable.

¿Cuál es la relación del arte con la historia del arte?
El no-arte siguió siendo arte y, aunque no existe, engrosa los libros de historia de arte.
No es sencillo vivir entre ficciones.
Debemos saber que esas ficciones no son verdad y debemos comportarnos como si lo fueran pero, sin olvidar que, si creemos en ellas, es porque así lo hemos decidido, no porque tenga alguna legitimación natural, divina, sagrada, moral, o de cualquier tipo.
Cuando esto ocurre surgen los mitos.

Las ficciones duran mientras creemos en ellas, mientras resulten útiles.
Estas son mis ficciones, pero si no les gustan, tengo otras.

Paul Klee dijo:
El arte no reproduce aquello que es visible sino que hace visible aquello que no siempre lo es.

Nicolas Bourriaud dijo que:
el arte es la organización de presencia compartida entre objetos, imágenes y gente.
De acuerdo con esta definición, la actividad artística es un juego de ajedrez con menos piezas, aunque con una más: el receptor.
Sin el receptor el juego no solo no tendría sentido, ni siquiera existiría.
Para Bourriaud la obra no es un objeto, sino más bien una 'duración', el tiempo que dura la partida.

David Lynch dijo:
El arte no cambia nada, el arte te cambia a ti.

Walt Whitman dijo:
El arte del arte, la gloria de la expresión y la luz del sol de las letras, es la simplicidad.

¿Pueden las máquinas ser artistas?
Las máquinas no pueden decir que son artistas;
solo pueden hacerse pasar por artistas.

Un programa de IA 'aprendió' a pintar como Rembrandt.
Rembrandt Harmenszoon van Rij pintó muchos autorretratos y retratos por encargo;
retratos brutalmente honestos e implacables de sus sujetos.
Rembrandt fue 'maestro de la luz y la sombra'.

Los algoritmos midieron 168.263 fragmentos de las 346 pinturas que se conservan de Rembrandt:
geometría, composición, materiales, textura, elevación 3D, patrones geométricos y distancias faciales (60 puntos), efectos de luz y sombra, etc.;
La IA lo aprendió y con todo eso: los ensambló en un rostro y un busto según el uso de las proporciones de Rembrandt.
Al resultado final le titularon: *The Next Rembrandt*.

¿Tiene sentido hacer más Rembrandts?, ¿más Warhols?

Los nuevos Rembrandts y Warhols tienen sentido para la CR;
podrían ayudar en la ardua labor de autentificación;
El National Gallery de Londres, adquirió por 2,5 millones de libras esterlinas de la época, un valor de casi 8 millones de euros en valores actuales, *Samson and Delilah*, una pintura de Peter Paul Rubens.
La IA asegura que la obra tiene un 91 % de probabilidad de ser falsa.
Aprender a pintar como cualquier artista, solo necesitan muchos píxeles y datos para aprender, luego pueden pintar como él o determinar que no es posible que él pintara de esa manera.

Los 'nuevos Rembrandts' que no son Rembrandts y los Warhols que no son Warhols, no tienen sentido para el MA; son más de lo mismo, aunque no sea lo mismo.
La IA solo tendría valor si fuera capaz de no hacer más Rembrandts, ni Warhols, ni nada que haya hecho artista humano.

Frieder Nake usó reglas básicas para sus contribuciones al arte computacional;
programas que generaron patrones geométricos en blanco y negro bajo instrucciones precisas, aunque incluyeran algún que otro parámetro aleatorio.
La IA usa reglas complejas y un alto arsenal de datos para sus contribuciones al arte computacional;
puede restaurar imágenes, crear imágenes desde imágenes o desde texto o desde la combinación de ambas, o viceversa, texto a partir de imágenes, etc.;
cada vez pueden hacer más cosas como rellenar espacios, escalar tamaños, etc.;
pueden asistir y aumentar la creatividad humana, pero no puede suplantarla.
No tiene gusto.
No tiene contexto.
No tiene sentido común.

Codificar IA es mucho más simple.

La prueba o test de Turing es un examen que mide la capacidad de una máquina para exhibir un comportamiento inteligente similar al de un ser humano o indistinguible de éste.
El test del arte de Turing es un examen que mide la capacidad de una máquina de hacer arte.

Si los historiadores del arte confunden los objetos que crea la máquina de hacer arte tras un entrenamiento con los artefactos originales de algún periodo, y si estos objetos no son simples copias ligeramente modificadas de los artefactos existentes, la IA podría hacer arte, aunque no sea artista;
aunque no haya una clara definición de arte en el MA.

¿Podría la IA determinar lo que es arte y lo que no?

Lev Manovich dijo:
El arte de los nuevos medios nunca se ocupa de la vida humana, y por eso no entra en los museos. Es culpa nuestra. No culpes a los curadores ni al MA. El arte digital es 'arte antihumano' y por eso no se queda en la historia.

Bourriaud dijo:
el artista es un 'sabio/filósofo/artesano' que entrega a la sociedad 'resultados objetivos de su trabajo'.

Cristina Molinas, en entrevista realizada por Humberto Farias, dijo que:
En una ocasión un curador adquirió una obra para el IVAM [Instituto Valenciano de Arte Moderno, Institut Valencià d'Art Modern] que, por sus dimensiones, no podía entrar en el museo, no pasaba por la puerta.
Cristina Molinas Pastor es jefe del departamento de registro del Institut Valencia de Arte Moderno.
Humberto Farias de Carvalho es CR.

En 1987, el Reina Sofía compró una escultura de Serra por 37 millones de pesetas, la almacenó, la exhibió en una exposición temporal (1990) y la trasladó a una nave de la empresa Macarrón en Arganda del Rey.
El museo contrató a Macarrón por 10 millones de pesetas (traslado y almacenaje), más 668.000 pesetas al año; contrató, no pagó.
En 2006, el diario ABC desveló que el Reina Sofía había extraviado la escultura de Serra.
¿Cómo podía un museo internacional perder una escultura de 38 toneladas?
Nadie sabe nada.

Desde 2009 el Reina Sofía expone un duplicado de la obra desaparecida que encargó a Serra .
El museo pagó la producción de la escultura (unos 100.000 dólares).
La réplica de Serra tiene una sala propia (gigante) en el Reina Sofía.
Si algún día apareciera el original, quizás hubiera que destruir la réplica;
o perderla.

El cripto arte es una nueva forma de coleccionar obras de arte;
se trata de objetos digitales (cualquier cosa siempre que esté compuesta de 1s y 0s) protegidos por un certificado de autenticidad digital.
La protección que utilizan (NFT, Non Fungible Tokens) consigue que se puedan vender como objetos únicos.

El 11 de marzo de 2021 en Christie's se subastó y vendió la obra de arte digital *Everydays: First 5000 Days*, del artista digital Beeple, por casi 60 millones de euros;
se trata de la tercera obra de arte más cara de un artista vivo, solo por detrás de Jeff Koons y David Hockney.

La revolución de los NFTs consiste en tratar como discernibles, objetos indiscernibles en la época de la reproductibilidad técnica; lo que resuelve el problema de la falsificación de los indiscernibles.

El 95 % de las colecciones de los Museos están almacenadas; millones de objetos son invisibles para el público.
Uno de cada cuatro museos tiene un sistema de documentación incompleto.
Solo uno de cada diez museos ha hecho accesible digitalmente toda su colección con imágenes e información sobre las obras.

Un token es cualquier cosa que tenga un valor monetario, pero que no se puede tocar físicamente.
Si son fungibles, como las criptomonedas, se puede pagar con ellos.
Si son no fungibles, NFT, son únicos en el mundo.
Su carácter exclusivo está garantizado por una clave en la cadena de bloques *blockchain* (cadena de bloques) que acredita la propiedad y procedencia de un objeto;
La cadena de bloques es una especie de registro contable, de sello, imposible de falsificar.
Un activo NFT no puede ser reemplazado o replicado por otro artículo idéntico; es único y original en su forma y por lo tanto se le atribuye determinada identidad.

Un euro en un bolsillo vale lo mismo que un euro en el bolsillo de un vecino;
El jardín de las delicias que cuelga en el salón de una casa y *El jardín de las delicias* que se exhibe en el Museo Nacional del Prado no son intercambiables.
Esta es la esencia del concepto de NFT.

Un NFT no puede consumirse, ni sustituirse.

Cualquier persona que haya creado o comprado un único NFT de un artículo en particular tiene pleno derecho sobre el activo asociado.
Este reclamo de propiedad se aplica ya sea si el activo existe en forma digital o en una propiedad tangible; es decir, los NFT no solo pueden estar asociados a cosas intangibles, sino también a cosas tangibles, a cosas únicas o a una colección de cosas (artículos) y viceversa, una única cosa puede tener varios NFT atribuidos, en este caso, cada uno comparte una fracción de su valor y de su propiedad.

Benyamin Ahmed, un niño de 12 años, creó *Weird Whales,* una colección de 3,350 ballenas estilo *pixel art* de distintos colores.
Cada una de estas ballenas es única;
la colección completa se vendió en apenas 9 horas luego de su lanzamiento por $400.000.
La venta reportó a Ahmed 80 ether a los que más tarde sumó 30 gracias al mercado de reventa de cada NFT.
El MA no considera *Weird Whales* arte, de momento.

René Magritte dijo:
Mis cuadros son imágenes.

¿Por qué esta ballena que no es una ballena, ni arte, puede ser 'incómoda' para el MA?
El 'problema' para el MA es que el cripto arte no necesita del MA, *per se*.
El cripto arte ha democratizado el sistema de transacciones, ha decentralizado el mercado.
El cripto arte ha ha fusionado el mundo digital y el analógico; están al mismo nivel en el mercado.

El NFT promete:

a. unicidad, originalidad y autenticidad
b. fiabilidad, inmutabilidad y permanencia

El 31 de diciembre, la subasta de arte digital de la casa Shanghai Jiahe, en Shanghai, amaneció llena de coleccionistas, inversores y licitadores expertos en criptografía dispuestos a gastar para mostrar su apoyo a los NFT.
El MA se ha subido al carro del cripto arte.

Yu Xiaowei dijo:
"Queríamos presentar a los coleccionistas el arte del futuro".
Xiaowei es directora del departamento de arte moderno y contemporáneo de Shanghai Jiahe.

Kandinsky dijo:
El arte va más allá de su tiempo y lleva parte del futuro.
Wassily Kandinsky fue pintor y téorico.

El NFT es ideal para CR.

En enero de 2022 abrió sus puertas al público el Seattle NFT Museum, o Museo NFT de Seattle.

Beeple es el seudónimo de Mike Winkelmann.
Beeple califica sus propias creaciones como 'basura artística para tu jeta'.

Un ejemplar en rústica de *El ingenioso hidalgo Don Quijote de la Mancha* tiene el mismo contenido que una primera edición firmada por el autor;
pero un ejemplar original con la firma de Cervantes tiene un valor 'incalculable'.

Algo es valioso solo cuando 'todo el mundo' está de acuerdo en que lo es.
Una 'basura artística para tu jeta' es valiosa cuando el MA está de acuerdo en que lo es.
Si el MA dice que es valiosa 'todo el mundo' estará de acuerdo en que lo es.
Que el MA considere o no *Weird Whales* arte, no depende de *Weird Whales*.

En 2018, la casa de subastas Christie's adjudicó por 435.000 dólares la pieza *Retrato de Edmond Belamy*, creada con IA.
Tsila Hassine y Ziv Neeman bautizaron a *Retrato de Edmond Belamy* y a todos los retratos que salen de plataformas como DeepArt como la 'zombificación' de la Historia del Arte.
Son imágenes zombis; están al mismo tiempo vivas y muertas.
Tsila Hassine (IL) es *net artist*, diseñadora de medios y programadora web.
Ziv Neeman es crítico, conferenciante, artista y artivista.

Magritte dijo:
La inteligencia de la exactitud no impide el placer de la inexactitud.

En 1605 se publicaron dos ediciones pirata de *El ingenioso hidalgo Don Quijote de la Mancha* en Lisboa.

Frank Zappa dijo:
El arte es hacer algo de la nada y venderlo.
Frank Zappa fue músico y, ¿por qué no?, artista.

Unos pocos se lo llevarán todo.
Unos muchos no se llevarán nada.

Daniel Buren le dijo a Seth Siegelaub:
Creo que el problema del objeto es uno de los más interesantes a los que hay que enfrentarse, pero no puede resolverse produciendo obra sin objetos.
En la obra de Tino Sehgal no hay objetos.
Daniel Buren es artista.
Seth Siegelaub fue marchante.

Duchamp dijo:
Les he tirado a la cara el estante de las botellas y el orinal y ahora los admiran por su belleza estética.

Leonard Cohen dijo:
He visto el futuro, hermano: Es un asesino.
Leonard Norman Cohen fue poeta, novelista y cantautor.

Las imágenes de los personajes de portada de este libro han sido generada por un programa IA a partir de la línea de texto: *photorealistic, pop art, psychodelic, arcimboldo, art of art.*

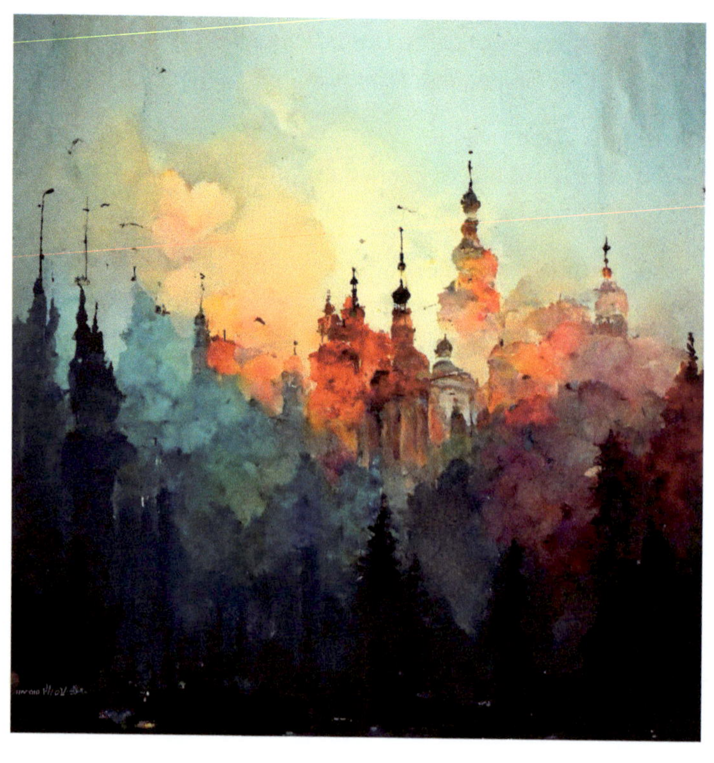

Imagen generada por Midjourney a partir de la línea de texto: *the most beautiful painting in the world*.

Este libro está incompleto (*work in progress*).

No tenía que comprar este libro, pero lo hizo.
No tenía siquiera que llegar hasta aquí, pero lo ha hecho.
Si encima ha disfrutado de él, por favor, considere dejar una reseña honesta en la tienda en la que lo ha comprado.